教育の泉 11

だれでもできる
社会科学習問題づくりのマネジメント

北 俊夫 著

文溪堂

まえがき

　社会科の授業において、調べ学習や問題解決的な学習がかなり一般的になってきました。授業者の意識のなかでは、問題解決的な学習の市民権が確立されつつあります。その多くは基本的に「学習問題をつくる→調べる→まとめる」といった学習過程で展開されています。

　ところが、授業研究会などでたびたび話題になることは、学習問題をどのようにつくるのか、学習問題をつくる場面をどのように指導するのかということです。学習問題づくりについて、指導上困難性を感じているのが現状です。そこには、子どもの主体性を尊重したいという気持ちが授業者の根底にあり、授業者が学習問題を提示することに躊躇が見られます。

　子どもたちの意思を最大限尊重することは大切なことです。しかし、社会科は内容教科ですから、身につけるべき学習内容（知識）があるのも事実です。社会のことをわかるようにするところに社会科の教科としての役割があるからです。子どもの意思を重視しつつ、教師の役割をどう果たしたらよいのか。

　私は、かつて学校現場に籍を置いていたころ、社会科の学習問題づくりについて、5年間継続的に校内研究に取り組んだことがあります。研究授業はすべて学習問題づくりの場面でした。授業研究会ではいつも学習問題づくりのあり方や方法について議論しました。その後、学校を離れてからも、学習問題をつくる場面（時間）の授業を参観することがたびたびあります。

　小単元を対象に問題解決的な学習を展開するとき、学習問題をつくることは問題解決に当たってまさに入口です。入口で子どもたちの問題意識を高め、問題解決の方向性を定めなければ、社会科の問題解決的な学習は成立しません。「子どもが学習問題をもったら、7～8割の指導が終わったも同然だ」ということを先輩教師から聞かされてきました。また、これまで多くの授業を参観してきて、同様なことを実感しています。それだけ、学習問題づくりの指導は重要な意味をもっているということでしょう。

　このことは、他の事象においても共通しているように思います。何かに取り組むとき、問題意識を強くもっている場合とそうでない場合とでは、取り組む際の意欲や態度が大きく変わってきます。取り組み方が違います。それは結果

にも大きく影響します。

　問題意識をもつとは、学習の対象を自分のこととしてとらえることです。他人ごととしてとらえているうちは、関心がもてず意欲も高まりません。まして主体的に取り組む態度など期待できません。

　本書『だれでもできる　社会科 学習問題づくりのマネジメント』は、学校現場における先生方の悩みや課題を受け、私のこれまでの経験などを踏まえて、特に学習問題をつくる場面の指導のあり方について実践的に論じたものです。

　Ⅰ章では、まず社会科授業の全体像を把握するために、なぜ問題解決的な学習が求められているのか。問題解決的な学習の基本的な展開のあり方や問題解決的な学習で育てる資質・能力について整理しました。

　Ⅱ章では、社会科において「学習問題」をどうとらえたらよいのか。先行実践に見る学習問題文を類型的に整理し、そのうえで学習問題に求められる基本条件と学習問題が醸成されるプロセスを提案しました。

　Ⅲ章では、学習問題づくりのポイントを示し、それぞれについて、授業の模様を紹介しながら、どこをどう改善したらよいかを実践的に解説しました。

　Ⅳ章では、子どもが学習問題に気づく場面を示しながら、学習問題づくりの方法を具体的に示しました。ここでは、提示する資料のあり方と教師の姿勢の大切さを強調しています。

　Ⅴ章では、各学年の主な小単元を取り上げ、学習問題づくりの典型事例を紹介しました。1つのアイデアとして活用することができます。

　本書を日々の社会科授業に生かしていただき、学習問題づくりの指導が充実するとともに、質の高い社会科授業が展開することを願っています。なお、学習問題に関しては、先行図書として、拙著『社会科 学習問題づくりのアイデア』（明治図書出版）があります。併せて、ご活用いただければ幸いです。

　終わりになりましたが、本書は株式会社文溪堂社長川元行雄氏のお薦めによるものです。出版の機会を与えていただいたことに心から感謝とお礼を申し上げます。

　　平成２７年９月

　　　　　　　　　　　　　　　　　　　　　　　　　　　北　　俊　夫

CONTENTS

まえがき……………………………………………………………………………… 3

I章　なぜ、問題解決的な学習なのか…………………………… 9
－社会科学習の全体像をつかむために－

1　アクティブな学びとしての問題解決的な学習………………… 9

2　問題解決的な学習の基本形……………………………………… 10
一般化しつつある学習スタイル／「つかむ・調べる・まとめる・いかす」

3　問題解決的な学習で育てる資質・能力………………………… 13
問題解決的な学習で何が育つか／学習過程に即した具体的能力

4　「学習問題」は問題解決的な学習にどう位置づくか………… 16
「学習問題」は問題解決的な学習の入口／学習問題と「今日のめあて」

II章　社会科における「学習問題」とは何か……………… 17
－大切なことは「学習問題文」より「問題意識」－

1　先行実践に見る学習問題文の類型……………………………… 17

(1)　大きく分けると疑問型と活動型……………………………… 17
疑問型の学習問題とは／活動型の学習問題とは

(2)　疑問型学習問題の類型………………………………………… 19
事実追究型の学習問題／特色思考型の学習問題／原因思考型の学習問題／過程思考型の学習問題／比較思考型の学習問題／仮定思考型の学習問題／意思決定型の学習問題

(3)　活動型学習問題の類型………………………………………… 26
探検型の学習問題／作業型の学習問題／体験型の学習問題

2　学習問題に求められる6か条…………………………………… 29
学習問題に求められる一定の条件／学習問題のチェックポイント／指導の目標の実現が図られること／一定の知識が習得・獲得できること／子どもの意欲ややる気を引き出すものであること／社会的な事象や事実にもとづいていること／疑問詞が含まれていること／根拠や理由のある予想ができること

3　学習問題として醸成される「ホップ・ステップ・ジャンプ」……36
ホップ「学習問題に気づく」／ステップ「学習問題について予想する」／ジャンプ「予想の検証方法（学習計画）を考える」

Ⅲ章　「学習問題づくり」のどこが問題なのか……39
－10のチェックポイント－

1　「学習問題づくり」－チェックポイント一覧……39
2　「学習問題づくり」のポイント解説……40
(1)　子どもに学習問題文を言わせないといけないと思っていないか……40
授業の模様／どこが問題なのか／どこをどう改善するか

(2)　結局は教師が用意した学習問題文を提示していないか……42
授業の模様／どこが問題なのか／どこをどう改善するか

(3)　学習問題づくりは学習問題文づくりだと考えていないか……44
授業の模様／どこが問題なのか／どこをどう改善するか

(4)　疑問や課題が生まれるような場を構成しているか……46
授業の模様／どこが問題なのか／どこをどう改善するか

(5)　学習問題文に疑問詞が含まれているか……48
授業の模様／どこが問題なのか／どこをどう改善するか

(6)　学習問題に対する予想の練り上げを行っているか……50
授業の模様／どこが問題なのか／どこをどう改善するか

(7)　予想を検証する手だてを具体的に考えさせているか……52
授業の模様／どこが問題なのか／どこをどう改善するか

(8)　学習問題に対する「考え（結論）」を想定しているか……54
授業の模様／どこが問題なのか／どこをどう改善するか

(9)　問題解決のグランドデザインが描かれているか……56
授業の模様／どこが問題なのか／どこをどう改善するか

(10)　社会科として習得・獲得させたい学習内容を意識しているか……58
授業の模様／どこが問題なのか／どこをどう改善するか

Ⅳ章　学習問題づくりの方法……61
　　　―その手ほどき―

1　子どもが「学習問題」に気づくとき……61
意外性との出会い／啐啄同時／学習問題に気づいたことをどう評価するか

2　学習問題づくりの手ほどき……64
(1)　資料（事実）と資料（事実）とのあいだのズレ……64
ズレのつくり方／空間的なズレを生かす／時間的なズレを生かす

(2)　資料（事実）と子どもの認識とのズレ……67
ズレのつくり方／子どもにとって意外性のある事実／驚きのある事象を数字化して提示する／子どもの感情に訴えて

(3)　子どもたちの意見の対立を生かして……71
多様な考えを論点整理しながら／子どもに価値判断を求めて

(4)　既習の知識や見方を生かして……73
前小単元の学習成果を生かした学習問題づくり／応用・転移させる問い／発展・深化させる問い

(5)　社会的事象を自分ごととして意識させて……76
子どもの生活と結びつけて

3　子どもへの学習問題づくりの指導……77
「社会科学習の進め方」の指導／「社会科学習の進め方」の掲示例／「学習問題のつくり方」の指導／「学習問題のつくり方」の掲示例

V章 学習問題づくりの実際 ……………………… 81
－各学年の典型事例－

1 学習問題づくりの手順 ……………………………………… 81
小単元を精選・重点化する

2 3年の学習問題づくりの典型事例 ……………………… 82
(1) 小単元「学校のまわりの様子」
(2) 小単元「市の様子」
(3) 小単元「店ではたらく人のしごと」
(4) 小単元「古い道具しらべ」

3 4年の学習問題づくりの典型事例 ……………………… 86
(1) 小単元「火事からまちを守る」
(2) 小単元「ごみのしまつと利用」
(3) 小単元「飲み水と私たちのくらし」
(4) 小単元「県の特色ある地域」

4 5年の学習問題づくりの典型事例 ……………………… 90
(1) 小単元「わが国の国土の広がり」
(2) 小単元「寒い地方の人々のくらし」
(3) 小単元「米づくりのさかんな地域」
(4) 小単元「水産業のさかんな地域」
(5) 小単元「自然災害から守る」

5 6年の学習問題づくりの典型事例 ……………………… 95
(1) 小単元「縄文と弥生のくらし」
(2) 小単元「奈良の大仏と聖武天皇」
(3) 小単元「3人の武将による天下統一」
(4) 小単元「明治の世の中」
(5) 小単元「政治のはたらき」
(6) 小単元「世界の人々のくらし」

あとがき ……………………………………………………………… 101

Ⅰ章 なぜ、問題解決的な学習なのか
― 社会科学習の全体像をつかむために ―

1 アクティブな学びとしての問題解決的な学習

　社会科の「学習問題」を検討するとき、まず前提として押さえておきたいことは、そもそも社会科の授業はどのように展開されるのかということです。授業の全体像をとらえることによって、学習問題の位置づけとその役割を考えることができるからです。授業の全体を「森」にたとえれば、学習問題は1本の「木」に当たります。両者の関係性を押さえ理解しておかなければ、「木を見て、森を見ず」の授業に陥ってしまいます。

　社会科の授業は「問題解決的な学習」が一般的です。というより、一般的になってきたと言ったほうがより正確でしょう。

　「問題解決的な学習」とは、教師が知識を一方的に伝達したり教え込んだりする、子どもが受動的に学ぶ授業ではなく、子どもたちが問題意識をもって自ら知識を習得・獲得していく能動的な授業です。まさに子どもの主体的な学びを保障するアクティブ・ラーニングを重視しています。

　古くから「聞いたことは忘れ、見たことは覚え、行ったことは理解する」と言われてきました。教師がいかに熱心に話し、説いたところで、多くの知識は時間が経つと忘却していきます。工場の見学や地域の観察など実際に見たことはいつまでも忘れません。「百聞は一見にしかず」のとおりです。成人になってからも、記憶に残っています。実際にやってみたことは、その印象や記憶はさらに強烈に残っています。実践や行動こそが、学びの威力を発揮します。

　「成すことによって学ぶ（Ｌｅａｒｎｉｎｇ　ｂｙ　Ｄｏｉｎｇ）」という原則は従来から強調されてきました。問題解決は「成すこと」であり、問題解決的な学習は問題意識をもって取り組むアクティブな学びです。

　こうした意義のある「問題解決的な学習」のネーミング（名称）に位置づいている「問題」こそ、これから本書で語っていく「学習問題」です。

2　問題解決的な学習の基本形

●一般化しつつある学習スタイル

　社会科は戦後誕生した教科です。国語科や算数科などの教科と比べると、比較的歴史の浅い教科です。社会科は誕生した当時から「問題解決学習」を重視してきたこともあり、これまで70年近い歴史のなかで、問題解決的な学習がかなり一般化してきたように思われます。学習指導要領の「総則」に「問題解決的な学習を重視する」と示されるようになったことも追い風になり、さらに多くの教師の関心事になってきました。問題解決的な学習を取り入れるようになって、社会科の実践が一段と充実してきたように思われます。

　問題解決的な学習を掲げている実践をみると、地域や実践者によって、その実際はさまざまです。

　ところが、社会科研究会の全国大会や社会科教科書の編集などにより、授業の進め方に概ね次のような共通性がみられるようになってきました。その主要なポイントは次の2つです。

> ・1つの小単元を見とおして、ダイナミックな問題解決的な学習を構想するようになってきたこと。
> ・そこでは、小単元を見とおした学習問題を設定し、それを調べ、結果をまとめるという学習活動を基本に展開するようになってきたこと。

　第一は授業構想のサイズの問題です。従来、特に研究授業などでは公開する当日の「本時」の授業に関心が集まり、本時をどう指導するかという問題意識が強くみられました。「本時」をまず計画し、そのあとに「本時」の前後を考える傾向がありました。「本時から小単元へ」という手順の計画づくりです。小単元を見とおした授業づくりとは、まず小単元全体を問題解決的に構想し、次にそれを踏まえて、各単位時間の指導を計画するという手順をいいます。

　これによって「木を見て、森を見ず」の過ちを克服することができますが、その結果、授業者に小単元という、より大きなサイズで問題解決的な指導計画を作成する能力が問われるようになってきました。

　第二は小単元を見とおした学習過程です。これまでの授業は1単位時間に焦

点が当たっていました。1単位時間の導入場面で「学習のめあて」を設定し、その時間に調べ、解決する授業スタイルが多く散見されました。各単位時間の学習成果を積み上げながら、小単元を構成していくという発想です。ここでの「学習のめあて」は1単位時間で解決可能な内容でした。

それに対して、近年、小単元を見とおして問題解決的な学習過程を構想する授業づくりが定着してきました。そこでは、小単元を見とおした「めあて」が必要になります。これが小単元を貫く「学習問題」です。学習問題が設定されたあとには、数時間から10数時間程度かけて学習問題を息長く追究し、その結果をまとめるという活動が展開されています。

1単位時間においても、本時の「学習のめあて」を設定して、調べていく、小さな問題解決的な学習が展開されます。

まず小単元（森）を問題解決的に構成し、それにもとづいて本時（木）を計画するという授業構想の原則は、「森を見て、木を見る」ということです。こうした手順は社会科の授業づくりにおいて重要な視点です。

● 「つかむ・調べる・まとめる・いかす」

問題解決的な学習とひとことで言っても、各学習場面の呼び名は、地域や研究会などによってさまざまな工夫がなされています。一般的、基本的には、各学習過程が「学習問題をつかむ」「調べる」「まとめる」といったキーワードで言われています。最近では、まとめたあとに「いかす」場面や活動を位置づけている指導計画も見られます。下記は、問題解決的な学習の基本的な流れを示したものです。

```
Ⅰ  学習問題をつかむ（問題把握）【2時間】
  (1)  学習問題を設定する
  (2)  学習問題について予想する
  (3)  学習計画を立てる
Ⅱ  調べる（学習問題の追究）    【2〜10数時間】
Ⅲ  まとめる（整理・考察）      【1〜2時間】
Ⅳ  いかす（学習成果の活用）    【1時間】
```

【　】内の数字はおよその扱い時数を示しています。

「学習問題をつかむ」場面は、「学習問題を設定する」「予想する」「学習計画を立てる」といった、具体的な学習活動や場面が位置づいています。

「学習問題を設定する」とは、社会的事象などとの出会いをとおして、学習問題に気づくことです。「予想する」とは、学習問題に対して「仮の答え」を考えることです。できるだけ根拠のある予想をさせます。このことによって、自分の問題意識が焦点化されていきます。

そして、次に予想を確かめるための方法を考えさせます。これが学習計画を立てる活動です。ここでは、どのようなことを、どのような方法で調べていくのかを計画させます。こうした活動をとおして、問題意識がさらに具体的なものになります。

このように、学習問題に気づき、それに対して自分の予想を考え、さらに調べる計画を立てるという連続した学習活動に取り組みながら、問題意識が醸成されていきます。子どもたちは問題解決への見とおしをもち、追究意欲を高めていきます。

なお、「学習問題を調べる」場面や「学習成果をいかす」場面など、問題解決の各場面における具体的な進め方や課題については、拙著『「知識の構造図」を生かす問題解決的な授業づくり』（４４～５５頁）（明治図書出版）に詳しく紹介しています。併せて参考にしてください。

3　問題解決的な学習で育てる資質・能力

●問題解決的な学習で何が育つか

　社会科において問題解決的な学習を展開するとき、次に確認しておきたいことは、問題解決的な学習をとおして、子どもたちにどのような資質・能力が培われるかということです。

　その１つは「問題解決能力」が身につくことです。問題解決能力とは、習得した知識や技能を活用して問題（課題）を解決するために必要な思考力、判断力、表現力などの能力だと言い換えることもできます。ここでいう問題解決能力は、社会科の授業で育まれ発揮されるだけでなく、現実の社会生活の場面においても必要とされます。私たちの人生においては大小さまざまな問題場面に遭遇し、それらの解決が求められます。人生は問題解決の連続であるからです。問題解決的な学習をとおして「一生もの」を身につけることができます。

　問題解決能力には、問題や課題を発見する力、企画力につながる計画の作成力、資料の収集力や分析力などを含む自力解決力、そして学習の達成感や成就感を味わわせる自己評価力などの具体的な能力が含まれています。さらに詳細は１５頁の表１で示しました。これらを一体化、総合化したものが問題解決能力だと言えます。

　その２つは「学習意欲」が高まり、「主体的な学習態度」が養われることです。言うまでもなく問題解決的な学習は子どもたちにとってアクティブな学習です。知識や技能が伝達される受動的な学習ではありません。能動的な学習体験をとおして、学習に対してやる気や意欲や主体性が養われます。ここにも、問題解決的な学習の効能があります。

　学校教育には生涯学習の基礎を養うことが求められています。主体的に学習に取り組む意欲や態度は、生涯にわたって学び続けるために求められる資質です。ここにももう１つの「一生もの」があります。

　その３つは「ものの見方・考え方」が養われることです。ものの見方や考え方とは、人や事象など対象の事実を見たり、その背景や意味などを考えたりするときの手だてであり視点です。例えば、時間軸や空間軸、概観と事例、定性と定量、固有性と共通性、微視的と巨視的、絶対性と相対性、比較と関連などの視点でとらえることによって、その対象の本質が見え、深く考えることがで

きるようになります。こうした手だてや視点は、問題解決的な学習をとおして学びとることができます。これも問題解決的な学習の効能と言えます。

　ものに対する見方・考え方を習得することにより、思考したり判断したり、さらに理解したりする行為がより確かなものとなります。ものに対する見方・考え方はその人の生き方とも関連し、生きる術として発揮されるものです。確かな見方・考え方を身につけることが、人生を心豊かに生きていくうえで必須のものとなります。

　いま1つは、社会科の授業で身につく固有なもの、社会科ならではのものに関わることです。これは資質・能力というより、理解・認識といったほうが正確でしょう。すなわち、社会に対する理解・認識（社会認識）を深めることができることです。平たく言えば「社会がわかる」ようになることです。教師の一方的な話を聞いて学ぶことと比べれば、自ら知識を習得・獲得する学習のほうが、社会に対する理解・認識ははるかに深まります。「行ったことは理解する」というわけです。

　社会科の役割は、子どもたちに社会のことをわかるようにすることにあります。そのためには、問題解決的な学習という、子どもたちにとってアクティブな学びが必要です。

●学習過程に即した具体的能力

　先に、「学習問題をつかむ・調べる・まとめる・いかす」といった問題解決的な学習の一般的な学習過程を紹介しました。次頁の表1は、それぞれの問題解決の場面でどのような能力が育つのか。あるいは発揮されるのかを整理したものです。

　これを見ると、各過程にさまざまな具体的能力が位置づいていることがわかります。すべて「問題解決能力」に集約されています。

表1：問題解決的な学習の展開過程に即した具体的能力

学習の展開過程	具体的能力
Ⅰ　学習問題をつかむ 　(1)　学習問題を設定する 　(2)　学習問題について予想する 　(3)　学習計画を立てる	・問題や課題を発見する力 ・思考力や判断力、洞察力 ・企画力(計画の作成力) ・先見力(先を見とおす力)
Ⅱ　学習問題を調べる	・観察、見学、調査などの技能 ・収集、選択、分析、加工、整理、考察などの資料(情報)活用力 ・ＩＣＴの活用力など
Ⅲ　まとめる	・情報を整理、統合する力 ・論理的な思考力や判断力、考察力 ・自己評価力(学習を振り返る力)
Ⅳ　いかす	・生活や社会での活用力、実践力 ・学習での転移力・応用力

(注)
(1)　学習過程全体をとおして、主として話す活動や書く活動といった、言語などによる表現活動を位置づけることにより「表現力」が育てられます。
(2)　各場面において、議論、討論する話し合い活動を取り入れることによって、説明力、説得力のほか、異なる考えを受け入れる力や多様な意見を調整する力などを身につけることができます。

4 「学習問題」は問題解決的な学習にどう位置づくか

●「学習問題」は問題解決的な学習の入口

　前述したように、問題解決的な学習は1つの小単元を対象に構想し展開されることから、「学習問題」は小単元の冒頭に位置づけられます。通常は1時間目あるいは2時間目に設定されます。

　「学習問題か学習課題か」という用語の使い方がたびたび話題になります。表現の仕方はどちらでもいいでしょう。各学校や地域で統一しておくと、子どもが迷わなくなります。

　戦後社会科が発足した当時、文部省は「学習指導要領社会科編（Ⅰ）（試案）」（昭和22年5月）を公表しました。ここには、各学年の学習テーマが「問題」として示されました。こうした社会科固有の歴史的経緯から、本書では「学習問題」と表記しています。

●学習問題と「今日のめあて」

　子どもたちの主体的な学習をうながすためには、小単元の学習を進めるに当たって「学習問題」を設定するように、本時の学習においても学習のめあてが必要です。本時のめあてを「学習課題」と表記したり、単に「めあて」としたりするなど、学校によってさまざまな工夫が見られます。

　本書では、本時（1単位時間）レベルの学習のめあてを「今日のめあて」と表記します。1単位時間においても「めあてをつかむ」「調べる」「まとめる」といった小さな問題解決的な活動が展開されます。「今日のめあて」は、原則として本時の導入場面に位置づけられます。

　本書では、主として小単元を貫く学習テーマとしての「学習問題」について述べていきます。そこでの基本的な考え方や手だてのアイデアは、本時の「今日のめあて」をどう設定するかという課題と多くの共通点があります。参考になる部分が多いものと考えます。

Ⅱ章 社会科における「学習問題」とは何か
― 大切なことは「学習問題文」より「問題意識」―

1 先行実践に見る学習問題文の類型

(1) 大きく分けると疑問型と活動型

　社会科の授業で実践されている学習問題文に目を付けると、大きく疑問型と活動型に分けることができます。

●疑問型の学習問題とは

　疑問型とは、「なぜ」「どのように」などの疑問詞を含んだ、文末に「？」がつくような問題文です。この種の学習問題は、追究することにより、知識を習得し、概念を獲得していくことができます。知的な学びが期待されます。

　疑問型の学習問題を類型化すると、次の3つに整理することができます。
　○　事実追究型
　○　意味追究型
　○　意思決定型

　「事実追究型」の学習問題は、文字どおり社会的事象の事実を調べ、把握していくものです。社会科の授業においてはもっとも基本的なタイプで、社会を認識する際のベースになります。

　「意味追究型」の学習問題は、「論理的追究型」と言い換えることができます。これはさらに次のように細分化することができます。

　・社会や社会的事象の特色を追究するもの（特色思考型）
　・結果から原因を追究するもの（原因思考型）
　・2つの地点の過程を追究するもの（過程思考型）
　・2つの事象を比べ、相違点や共通点を追究するもの（比較思考型）
　・仮定のもとに原因や結果を追究するもの（仮定思考型）

「意思決定型」の学習問題は、子ども自身に自らの意思（考え）の選択や決定を求めるものですが、これには、子どものこれまでの生活を振り返らせる内省型と、社会に対して願いや要望などを伝える発信型があります。後者は「未来思考型」でもあります。

●活動型の学習問題とは

活動型の学習問題とは、子どもによりアクティブな活動を促すもので、子どもたちの主体的な学びが重視されます。学習問題文の末尾には「見学しよう」「調べよう」「探ろう」などのように、活動をイメージさせる動詞が位置づいています。

活動型の学習問題は、例えば次のように分類できます。
○　探検型
○　作業型
○　体験型

これらのネーミングから、子どもたちが主体的に活動する姿を想像することができます。これらの学習では、子どもの主体性を重視し尊重するとともに、「成すことによって学ぶ」ことを目指しています。「活動あって学びがない」などと指摘されないようにしなければなりません。

図1：学習問題の類型表

上記の類型にもとづいて、次節から各学習問題の文例を紹介していきます。そこでは、それぞれの特色や課題などについて検討していきます。

(2) 疑問型学習問題の類型

●事実追究型の学習問題

事実追究型には、次のような学習問題があります。

> ・農家の人たちはおいしい野菜をつくるためにどのような工夫をしているのだろうか。（3年）
> ・火事から人々の安全を守るために、消防署で働く人たちはどのような仕事をしているのだろうか。（4年）
> ・地域の安全を守るためにだれがどのような仕事をしているのだろうか。（4年）
> ・日本の米づくりの盛んな地域（都道府県）はどこだろうか。（5年）
> ・聖徳太子はどのような業績を残したのだろうか。（6年）

　このような学習問題に共通している特色の1つは「どのような（Ｗｈａｔ）」「だれが（Ｗｈｏ）」「どこ（Ｗｈｅｒｅ）」などの疑問詞にもとづいて、いずれも事実を追究することにあります。その意味で「事実把握型」とも言えます。事実をとらえさせることは社会科学習の基本ですから、学習の初期において重視したい学習問題です。

　2つは、これらの学習問題が観察や見学、調査、資料活用など調べる活動を促していることです。資料などで実際に調べる場面が用意されないと、知識の豊富な子どもだけが活躍する授業になってしまいます。

　いま1つは、例えば「聖徳太子はどのような業績を残したのだろうか」という学習問題の場合、追究したあとに「聖徳太子はどのような願いをもっていたのだろうか」といった、歴史的事象の意味を考えさせる「意味追究型」の問いが用意されることがあります。これは「見えたこと（事実認識）から、見えないもの（社会認識）」を考えさせることを意図したものです。

　こうした学習問題の問題点は、例えば「人々の安全を守るために」とか「おいしい野菜をつくるために」などと、すでに活動や仕事の目的や意味を示していることです。これらは調べたことを総括して考えさせることによって導き出される見方であるからです。

●特色思考型の学習問題

　意味追究型の学習問題の１つに「特色思考型」があります。社会的事象の特色を考えさせる学習問題には、次のような文例があります。

> ・私たちの住んでいる町のよさはどんなところですか。（３年）
> ・私たちの住んでいる県にはどのような特色がありますか。（４年）
> ・日本の気候にはどのような特色がありますか。（５年）
> ・聖武天皇が活躍した奈良時代はどんな時代だといえますか。（６年）

　これらの学習問題には、次のような特色と課題があります。
　学習問題を追究していくためには、予め町や県の様子や、時代の出来事などの事実を丹念に調べていなければなりません。その際、調べる観点を設定して具体的に調べさせます。まず複数の「木」を順に見ます。そして、それらをもとに「森」を見るという手続きが求められます。
　特色思考型の学習問題には、単に言葉で特色を理解するのではなく、具体的な事実をもとに考えさせるところにポイントがあります。すなわち、ここでの学習では、個々の具体的な事実から一般的な命題や法則性を導き出すことを求めており、ここで期待される思考操作は、一般に帰納的思考と言われています。調べたことを論理的に処理する思考力育成の機会にもなります。

※具体的事実をもとに、「つまり、何がいえるか」を思考することによって「特色」を導き出します。

　特色思考型の学習問題の問題点の１つは、子どもたちに「特色をどう認識させるか」ということです。前述したように、帰納的な手法を取り入れることが必要ですが、それと同時に「特色は他との比較のなかでより明確になる」ということです。自分たちの住んでいる地域の特色にしても、奈良時代の特色にしても、他の地域や時代と比較することによって、特色が一層浮き出てくるものです。特色とは他と異なるところであり、他と比べて優れているところ（よさや個性）でもあるからです。

●原因思考型の学習問題

　次は意味追究型の学習問題の１つである「原因思考型」です。社会的事象の原因を考えさせる原因思考型の学習問題には次のような文例があります。

> ・この地域で、ねぎづくりがさかんなのはなぜでしょうか。（３年）
> ・近年、市のごみの量が減ってきたのはなぜでしょうか。（４年）
> ・なぜ、北海道や東北地方では米づくりが盛んに行われているのでしょうか。（５年）
> ・聖武天皇はどうして巨大な大仏をつくらせたのでしょうか。（６年）
> ・三権分立のしくみがあるのはどうしてでしょうか。（６年）

　これらの学習問題には、次のような特色や課題があります。

　特色の１つは、いずれの学習問題にも「なぜ」「どうして」といった疑問詞（ここではＷｈｙ）が含まれていることです。結果を先に示して、その原因や背景などを追究させるものです。「なぜなぜ社会科」などとも言われ、子どもたちが好んで発するタイプの学習問題です。

　実際の授業では、これまでも１単位時間の学習問題（本時の学習のめあて）にも多く登場していました。そこでは、短時間に解決できる程度と範囲のことを問題にしてきました。

　いま１つは、子どもたちがこの種の学習問題に気づくと、通常「きっとこうだろう」とか「たぶんこうではないか」といった思考が自然に働くことです。知的な好奇心をかき立て、意欲をもたせるには効果的な学習問題です。

　原因を思考できるようにするためには、まず事実を調べさせる必要があります。事実認識が曖昧なままでは、根拠に乏しい思考になったり、科学的、論理的に説明できなかったりするからです。先に紹介した「事実追究型」の学習問題と関連づけたり、一体に追究させたりすると、一層効果的です。

　はじめて歴史学習に取り組む小学生にとっては、因果関係を追究させる「なぜ型」の学習問題は、授業の内容が高度になりがちだという指摘があります。「なぜなのか」を考えるためには、事前に思考の基盤になる知識を習得しておく必要があります。

●過程思考型の学習問題

次は、「過程思考型」の学習問題です。これも意味追究型の1つです。過程思考型の学習問題には次のような文例があります。

> ・工場では、せんべいをどのようにつくっているのだろうか。(3年)
> ・あかりに使った道具はどのように変化してきたのだろうか。(3年)
> ・小笠原村では、豊かな自然環境をどのように保護し活用しているのだろうか。(4年)
> ・豊田市の自動車工場では、自動車をどのように生産しているのだろうか。(5年)
> ・織田信長、豊臣秀吉、徳川家康の三人は、どのように天下を統一したのだろうか。(6年)

これらの学習問題には、次のような特色があります。

いずれの学習問題にも「どのように(How)」といった疑問詞が含まれていることです。これには「いかに」という方法(手続き)論的な意味合いがあります。社会的事象のプロセスを追い思考するものです。

この種の学習問題を設定する際には、多くの場合、Aという事実とBという事実の2つを提示し、両者のあいだにあるブラックボックス(不明な部分や未知なること)を追究させるものです。複数のあいだをできるだけ合理的につなげようとするところに思考が働きます。

多くの場合、せんべいの原材料と製品、自動車の部品と完成車などのように時間的なズレのある「前」の事実や事象と「後」の事実や事象を示して、学習問題が設定されるところに特色があります。

この種の学習問題には、時間差のほかに、上記の4年の学習問題例のように、空間的なひろがりのなかで営まれていることを追究していくものもあります。

●比較思考型の学習問題

　次は「比較思考型」です。ここでは、意味追究型の学習問題の1つとして検討します。比較思考型の学習問題には次のような文例があります。

> ・昔のアイロンと今のアイロンはどこが違うのでしょうか。（3年）
> ・川の水と比べて、水道の水はどこが違うのでしょうか。（4年）
> ・1年中暖かい沖縄県に住んでいる人々の暮らしと寒さの厳しい北海道に住んでいる人々の暮らしとの共通点は何でしょうか。（5年）
> ・米をつくる仕事（農業）と魚をとる仕事（水産業）とは、どこが似ているでしょうか。（5年）
> ・貴族の寝殿造りと武士の館とは、どこがどのように違っているのでしょうか。（6年）

　比較思考型の学習問題には、2つ以上の事象の相違点や共通点を発見させ、その意味を考えさせるところに特色があります。問題文には、理由を聞いている「どうして」、一般化することを求めている「何か」や「どこか」などの疑問詞が含まれます。

　子どもたちは比較するとき、ややもすると「違い」にのみ目が向きがちですが、ここでは「同じところ」や「似ていること」にも気づかせようとしています。共通性を見いだそうとするとき、思考が働くからです。

　沖縄県の人々も北海道の人々も、ともに自然環境から守る工夫や自然環境を生かす工夫をしながら生活をしているところに共通性があります。また、米をつくる仕事と魚をとる仕事の共通点は、ともに国民の食生活を支えていること、後継者の問題が課題になっていること、自然環境と深いかかわりをもって営まれていることなどをあげることができます。

　このように、比較思考型の学習問題には思考力を発揮させながら、一段高いレベルの知識（概念）を獲得させ、社会に対する見方を養うことができるところに特色があります。

●仮定思考型の学習問題

次は「仮定思考型」です。学習問題には次のような文例があります。

> ・もし自分がお店の人だったら、品物をどのように売りますか。お店の人になったつもりで考えましょう。（3年）
> ・もし私たちの学校が火事になったら、消防自動車はどこに配置されるでしょうか。（4年）
> ・もし○○用水が開発されていなかったら、村の開発はどのようになっていたでしょうか。（4年）
> ・もし水産資源が枯渇したら、私たちの毎日の食生活はどうなるでしょうか。（5年）
> ・もしも明治維新が行われなかったら、世の中はどのようになっていたと思いますか。（6年）

あくまでも「もしも（Ｉｆ）」と、仮定にもとづいて思考させながら追究させるものです。子どもたちは発想を豊かにふくらませながら、さまざまに思考します。子どもらしさが発揮され、考えの違いが明確になると、論争が始まるかもしれません。その際、できるだけ論拠をもって説明させます。

先に紹介した、品物の売り方については、お店の人から実際に評価を受け、検証することができます。また、火事のときの消防自動車の配置は管轄の消防署で計画されており、資料の入手は可能です。

「もしも」と仮定して考えさせることにより、思考する際の立場や視点を転換させることができます。こうした思考によって、現代社会の対策や対応の状況、歴史的事象の意味や働きなどを改めて認識させることができます。

ただ、特に歴史的事象を仮定した場合には、子どもたちが考えたことを確かめることができないところに問題点があります。

何よりも社会的な事実を重視する社会科の学習において、「もしも、○○○だったら」といった、「たら・れば」のような仮定を考えさせる学習問題は、指導に馴染まないのではないかという指摘もあります。

●意思決定型の学習問題

　疑問型の学習問題の最後は「意思決定型」です。意思決定型の学習問題には次のような文例があります。

> ・地域に残る年中行事を自分だったらどのように残していきますか。（3年）
> ・飲料水を節約するためには、これまでの自分の生活をどのように変えたらよいでしょうか。（4年）
> ・私たちは新聞やテレビなどのメディアをどのように活用したらよいでしょうか。（5年）
> ・自然災害から身を守るためには、日ごろからどのような備えをしておく必要があるでしょうか。（5年）
> ・地域にある空き地（市の所有地）をどのように活用したらよいでしょうか。アイデアを考え、市役所の担当者に伝えましょう。（6年）

　ここでの学習問題には、「どのように」「どのような」などの疑問詞が含まれていますが、いずれも「自分だったら」とか「私たちは」など、一人称として考えさせるところに特色があります。これは社会的事象をできるだけ自分ごととしてとらえさせるとともに、学習して習得・獲得した知識を頭や心に留めておくのではなく、これからの生活や社会に生かそうとするものです。これは社会参画への意欲や態度の基礎を養うことにつながります。

　これらの学習問題は、ある一定の問題解決的な学習（学習問題をつかむ－調べる－まとめる）が終了したあとに発展的な学習として展開されます。習得・獲得した知識を活用して取り組む「いかす」場面で提示されるものです。

　ここでの教師は、子どもたちが個々に考えた内容の善し悪しを評価することはしません。多くの場合、一人一人に自分の考えをしっかりもたせ、それを友だちなどにわかりやすく説明できるようにすることや、これからの社会を主体的に生きていこうとする意欲や態度を養うことに主眼があるからです。意思決定型の学習問題には子ども一人一人の「生き方」が反映されます。

(3) 活動型学習問題の類型

●探検型の学習問題

次に、活動型の学習問題について検討します。まずは「探検型」です。これには次のような学習問題があります。

> ・屋上から町を観察して、町の様子を調べよう。（3年）
> ・売り方の秘密をさぐりに、スーパーマーケットを探検しよう。（3年）
> ・浄水場の働きを見学してこよう。（4年）
> ・地域の野菜農家を訪ねて、インタビューしよう。（5年）
> ・国会議事堂を見学して、政治の働きを調べよう。（6年）

探検型には、観察や見学、調査などの活動も含まれます。いずれも体を使った能動的でアクティブな活動です。

探検型の学習問題は活動が全面に出ていますから、子どもたちは意欲的に学習に取り組みます。楽しい社会科を展開することができます。学校から地域に飛び出して活動しますので、中学年の地域社会を対象にした学習で多く見られます。5・6年になると、学習対象が国土に広がりますから、これらの学習問題は自ずから少なくなります。

子どもたちに「探検」することの必要性（目的意識）をどうもたせるか、事前に探検の計画をどう立てさせるか、探検後に学習をどう発展させるかなど、探検を位置づけた指導計画を綿密に作成しておく必要があります。

図2：地域に飛び出す子どもたち

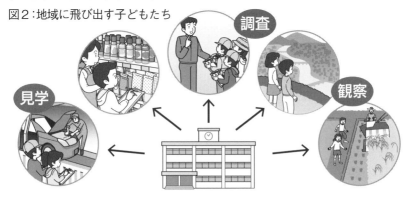

●作業型の学習問題

　次は作業型の学習問題です。作業型とは多くの場合、何らかの「表現物」を製作することから「表現型」と言い換えることもできます。作業型には次のような学習問題があります。

> ・学校のまわりの様子を調べて、絵地図にまとめましょう。（3年）
> ・きゅうりがつくられるまでの様子を紙しばいにしましょう。（3年）
> ・私たちの県の立体地図をつくりましょう。（4年）
> ・「都道府県かるた」をつくって遊びましょう。（4年）
> ・自動車がつくられるまでをパンフレットにまとめましょう。（5年）
> ・わが国の工業の盛んな地域を白地図に表しましょう。（5年）
> ・奈良時代の出来事をもとに歴史新聞にしましょう。（6年）

　ここには、絵地図、紙しばい、地図、新聞などの「表現物」が見られます。いずれも、調べたことをもとに、整理したり記述したりする作業を伴うところに共通点があります。調べることとまとめることがセットで行われることもあります。

　小単元の学習の冒頭で、「○○○はどうしてでしょうか。調べて新聞にまとめましょう」といったまとめ方まで含めた学習問題が示されると、子どもたちは先の見とおしをもって調べる活動に取り組むことができます。早い時期からまとめる際に必要となる資料や情報などを意識して収集し保存することができます。小単元の学習の終末になって突然示されると、子どもたちは改めて資料を収集したり選択したりする活動を行い、時間が予定以上に費やされることがあります。

　作業型の学習問題にもとづいて指導したとき、作品の出来栄えや見栄えで評価しがちです。1つの作品としての完成度は、「いかに」上手にまとめられているかという視点と、そこに「何が」まとめられているかという視点から評価することが大切です。また、作品づくりのプロセスにも目を向けて、長期的な視点で評価したいものです。

●体験型の学習問題

最後は、体験型の活動を組み入れた学習問題です。これには次のような学習問題があります。

> ・七輪で火を起こして、おもちを焼きましょう。（3年）
> ・学校のごみを集めて、実際に分別しよう。（4年）
> ・もっこやすきを使って、土を運ぶ模擬体験をしよう。（4年）
> ・2種類の米（ご飯）を食べ比べてみましょう。（5年）
> ・伊能忠敬のように、学校の周りを歩測して測量しましょう。（6年）

これらはすべて体を実際に動かして学習するものばかりです。ここでは、実際に体験させたり、実際に近いかたちで模擬体験させたりすることによって、少しでも実感的に理解させようとする意図があります。例えば実際に歩測させたり、メジャーで実測させたりすることによって、伊能忠敬の苦労を多少なりとも想像させることができます。また、土を運ぶ模擬体験をとおして、当時の人々の苦心の一端を実感させることができます。

ここでの体験は、子どもたちの発達段階を越えていたり、条件や準備が不十分だったりして、必ずしもうまくいかないこともあります。なかなか火が点かず、おもちを食べることができない事態も想定されます。こうした失敗体験を生かして、「どうしてうまくできないのだろうか」「実際にはどのように行われているのだろうか」などと、問題意識を引き出し、次の学習に発展させていくこともできます。

探検することを目的化することなく、1つの手段として位置づけ、社会科の学習としてさらに発展させていくことがポイントになります。

2　学習問題に求められる6か条

●学習問題に求められる一定の条件

　社会科は「内容教科」といわれるように、学習指導要領において習得・獲得させる内容が示されています。このことが、目標や内容を各学校が定めるようになっている総合的な学習の時間の学習活動とは根本的に異なるところです。社会科における学習問題に求められる基本的な要件を明らかにすることは、家庭科や生活科、道徳科などとの違いを明確にするためにも必要なことです。

●学習問題のチェックポイント

　ここでは、社会科の学習問題に求められる要件をチェックポイントとして示します。

> 1　学習問題を追究していくと、指導の目標の実現が図られること
> 2　学習問題を追究していくと、一定の知識が習得・獲得できること
> 3　子どもの意欲ややる気を引き出すものであること
> 4　学習問題が社会的な事象や事実にもとづいて導き出されていること
> 5　学習問題文に、疑問詞（5W1H）が含まれていること
> 6　学習問題に対して、子どもが根拠や理由のある予想ができること

　このあと、各項目ごとについて解説していきます。

●指導の目標の実現が図られること

　子どもの問題意識や主体的な学習活動を重視した授業において、「活動あって、学びなし」などとたびたび指摘されます。それは、教師自身が子どもたちに「何を」学ばせるのか（学ばせたいのか）を十分意識していないからです。子どもの主体性を尊重することは必要なことですが、それだけで十分な授業にはなりません。社会科は「内容教科」であるからです。教師のほうには、授業をとおして子どもたちに習得・獲得させたい指導内容があります。教師が学び取らせたい内容を、子どもたちが目的意識をもってできるだけ主体的に習得・獲得させることによって必要かつ十分な授業になると言えます。

　このことを前提に、学習のめあてである学習問題のあり方を考えると、学習問題は「何でもあり」というわけにはいきません。

　子どもたちが学習問題を追究していくと、教師が予め設定した目標が習得・獲得される関係性が担保されていないと学習する意味がありません。小単元を貫く学習問題は小単元の指導目標と、1単位時間の学習のめあては本時の目標（ねらい）と、それぞれ一体になっていることが重要な要件になります。調べていくことによって、指導目標が実現できるような学習問題に気づかせるところに、この場面における教師の最大の役割があります。

　教師がすべての子どもたちを富士山の頂上まで登らせたいとき、「自分の好きな山を決めて、登りましょう」とはけっして言いません。富士山の美しい写真を見せたり、実際に登った人の体験談を聞かせたりしながら、富士登山への興味や関心を高めていきます。意欲が醸成されたところで、教師は「みんなで富士登山にチャレンジしよう」と問いかけます。

　これからの学習に対して目的意識をもたせ、意欲を高めるところに教師の重要な役割があると言えます。

図3：目標とめあての関係
[教師の願い（目標）]
○富士登山を体験させたい
　　↓
[子どものめあて]
○富士登山にチャレンジしよう！

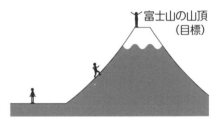
富士山の山頂
（目標）

● 一定の知識が習得・獲得できること

　社会科における「内容」を「知識」に置き換えることができます。知識とひとことで言っても、用語や語句のような知識や、社会的事象に即した具体的知識、応用性や転移性のある概念的知識など、さまざまなレベルのものがあります。概念的知識を中心概念ということもあります。社会科の学習は一般に「具体から一般へ」という筋道で展開されます。具体的知識を習得しながら、それらを総括的にとりまとめて概念的知識を獲得していくわけです。
　このことを富士登山にたとえます。登山者は麓からいきなり山頂にたどり着くことはありえません。スタートして1合目、2合目、3合目、……9合目と登り続け、1つ1つ順にクリアしながらゴールに到達します。
　社会科の授業もこれと同じように、基本的には、1時間目の知識、2時間目の知識、3時間目の知識……を順に習得しながら、最終的には習得した知識を集約・整理して、概念的知識を獲得させます。
　このことは、社会科の学習問題は毎時間の知識を習得させるだけでなく、最終的には概念的知識（中心概念）を獲得させるものでなければならないことを意味しています。問題解決的な学習は子どもの活動を重視する学習ですから、予想したり学習計画を立てたりする時間、見学・調査するなど資料や情報を収集する時間など、知識を習得することが主要な目的でない時間もあります。
　学習問題を追究していくと、予め定められた知識が習得・獲得できることが学習問題の具備する要件になります。小単元を貫く学習問題と各時間に習得・獲得させる知識との関連性や学習の順序性は、多様な知識を階層的に整理した「知識の構造図」を作成することによって明確になります。1つの具体例を60頁に紹介してあります。
　「知識の構造図」の役割や作成の仕方などについては、『社会科学力をつくる"知識の構造図"』（明治図書出版）で詳しく述べていますので、参照してください。

●子どもの意欲ややる気を引き出すものであること

　実際に問題解決に取り組むのは子ども自身です。学校での授業ですから、教師から指示されれば取り組むかもしれません。しかし、できるだけ子どもたちが意欲とやる気をもって取り組むようにすることが教師の役割であり、そのために子どもの内発的な動機づけを重視します。

　学習問題は子どもの意欲ややる気を引き出すものであることが要件です。子ども自身が「これはどうしてだろう。調べてみよう」と発信してくることが理想ですが、仮に教師から示された学習問題であっても、それに同意して取り組むようにすることが重要です。

　そのためには、問題解決の必要性や切実性をどのように感じさせるかがポイントになります。私たちは一般に意欲ややる気が引き出されるのは、次のような場面に遭遇したときです。

・これまでの行為が周囲の人たちからほめられたり認められたりしたとき（承認欲求）
・自分の行為が周囲の人たちに役に立ったと意識したとき（自己有用感）
・これまでの知識や経験がゆさぶられたとき（意外性との出会い）
・この先、何をどうするのかが見えてきたとき（見通しがつくこと）
・学習対象を自分（たち）のこととして意識したとき（自分ごと）

　社会科における学習問題も、子どもの心理状況を踏まえ、意欲ややる気を引き出すものでありたいものです。

　子どもたちの内発的な動機づけを重視するということとは、子どもから意欲ややる気が生み出されてくるのをただ待っているということではありません。外側からの動機づけも必要です。それは刺激の強い一方的なものよりも、子どもたちが自然な状態で受容するような、心地よい働きかけが何よりも重要です。

　学習問題は子ども一人一人の意識という内面性との関係のなかで生み出されるものです。学習問題をつくるということは、単に問題文を表現するという技術論や方法論の問題ではないことを意味しています。

●社会的な事象や事実にもとづいていること

　学習問題は、小単元の学習の冒頭で、教師が一方的に提示するものではありません。また、何もないところから、いきなり生み出されるものでもありません。子どもたちが何らかの学習活動をとおして社会的な事象や事実と出会うことにより、子どもたちの意識のなかに問題や疑問が生まれ、教師の指導のもとに設定されるものです。ここでいう学習活動とは例えば次のようなものを指します。
　・観察や見学、調査する活動
　・体験的な活動
　・資料を活用する活動
　これらの学習活動を展開するためには、学習対象が明確でなければなりません。これが社会的な事象や事実といった教材です。学習問題は子どもたちが教材に主体的にかかわりながら生み出されてくるものです。子どもたちが教材にかかわることが学習活動です。子どもたちが自発的に活動することは考えにくいことです。子どもの学習活動を促すためには教師の発問や指示などの言葉かけが必要になります。

　学習問題とは、子どもの学習活動が教師の発問や指示によって促され、そこで出会ったり発見したりした社会的な事象や事実にもとづいて設定されるものです。

　教師が発問や指示をしたり、学習活動を促したり、さらに教材（資料）を提示したりすることは、社会的な事象や事実にもとづいて学習問題を設定することにほかなりません。このことは、教師が学習問題としての要件を満たすための仕込みをすることです。

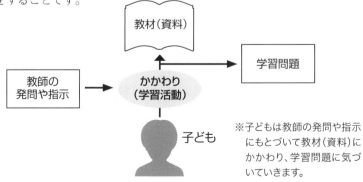

※子どもは教師の発問や指示にもとづいて教材（資料）にかかわり、学習問題に気づいていきます。

●疑問詞が含まれていること

　疑問詞の主なものには、「なぜ」「どうして」(Why)、「どのように」(How)、「どのような」(What)があります。これ以外にも、「だれが」(Who)、「どちら」(Which)、「どこで」(Where)などがあります。いわゆる「5W1H」と言われる用語です。

　よい学習問題文には「疑問詞」が含まれています。「スーパーマーケットでは、売り上げをあげるためにどのような工夫をしているのだろうか」のように、「疑問詞」が含まれている学習問題には、「スーパーマーケットを見学しましょう」のような、疑問詞が示されていない活動型の学習問題と比べて、次のような利点があります。

> - 「何を明らかにするのか」といった問題解決する活動の目的が明確になり、見学する、調べる、まとめるなどの活動だけで終わらないようになります。学習活動を目的化しないようにします。
> - 問題解決の過程で子どもたちの思考が促され、社会や社会的事象への理解が深まります。
> - 子どもも教師も、知識の習得や獲得を意識した社会科学習を展開するようになります。
> - 特に予想するという思考操作が促され、思考力を育てる機会になるだけでなく、問題解決へのさらなる意欲の醸成につながります。

　「内容教科」と言われる社会科の役割を果たすためには、学習問題文に疑問詞を含めて表現することが、学習問題の要件と言えます。子どもも教師も学習のゴールを強く意識するようになるからです。

　疑問詞を意識して学習することは、子どもたちに問題発見力を身につけるためにも大切なことです。問題や課題を発見する力は、単に社会科の学習において求められる能力だけでなく、日々の社会生活をよりよく営むためにも、またよりよい社会の形成に主体的にかかわるためにも必要な能力と言えます。

●根拠や理由のある予想ができること

　よい学習問題の要件として重視したいのは、子どもたちが学習問題に対して予想ができることです。しかも根拠や理由のある予想ができることです。

　子どもたちが意外性のある事実に出会ったときなどには、予想するという思考操作がすでに始まっていることが多くあります。疑問や問題に気づくことと予想することとが一体に行われるからでしょう。

　「学習問題は何でしょうか」とか「次に、予想してみましょう」などと教師が言わなくても、子どもたちが学習問題を意識したときには、「たぶん」「きっと」などの言葉を発しながら、予想したことを発言しようとします。こうしたタイミングを見逃さず、授業を展開することが求められます。

　予想ができない学習問題とは、子どものなかに意識化されていないか、子どもたちにとって高度な学習問題であるかのいずれかでしょう。予想もつかないわけですから。

　子どもの予想に根拠や理由を期待するのは、それが単なる思いつきか、ひらめきか、または、裏づけがある考えなのかをはっきりさせるためです。根拠や理由は、これまでの学習で習得・獲得した知識や見方、考え方であったり、生活などの場で経験したりしたことがもとになります。このような予想の仕方を促すことは、習得した知識などを活用して問題解決しようとする能力を発揮させる機会になります。

　予想の根拠や理由を明確にすることによって、一人一人の考えの違いを浮き立たせることもできます。この考えの違いが、問題解決への意欲を高める原動力になります。エンジンの噴射力（追究意欲）を高めるためにも、根拠のある予想ができる学習問題であることが重要な要件になります。

　さらに、子どもたちから多様な予想が出されることがよい学習問題です。多様に出された予想を論点ごとに整理することによって、学習問題がさらに意識されます。何を追究すればよいのか（追究の柱）が明確になるからです。

　子どもたちが自分の予想を立てることができたということは、学習問題に気づくことができたからだとも言えます。予想することは学習問題に気づいているかどうかを確認する場面でもあります。

3　学習問題として醸成される「ホップ・ステップ・ジャンプ」

　ここでは、学習問題が醸成される過程を三段跳びになぞらえて「ホップ・ステップ・ジャンプ」と表します。ここでいう「ジャンプ」とは、学習問題をつくらせる場面の最終段階のことで、問題解決的な学習のゴールを表しているものではありません。

●ホップ「学習問題に気づく」

　問題解決に当たっては学習問題に気づくことが不可欠であり、前提です。これが、学習問題をつかませる段階の「ホップ」です。

　子どもにかぎらず、私たちおとなもそうですが、遭遇した事象や現象について、既に習得している知識や見方や経験では解釈したり説明したりすることができないときには、自然な状態で「どうしてだろう」とか「なぜかな」などと疑問や問題が生まれるものです。

　先日のことです。朝、通勤電車に乗ったとき、7人がけの座席に座っていた7人中、何と6人がスマートフォンを休みなく操作していたのです。その情景を見た私は、「いったい何を見ているのだろう。何を操作しているのかな」と疑問をもちました。その光景が私にはあまりにも異様に感じたからです。目のまえの現実と私の古風な意識のあいだのズレが、こうした疑問を生み出したのでしょう。

　社会科の授業で子どもたちが学習問題に気づくようにするためにも、教師からの何らかの仕かけが必要です。何もないところから、子どもたちが「○○○について調べよう」とか「○○○であるのはどうしてだろうか」などといった学習問題に気づくことはありません。「無（ゼロ）」から問題や疑問という「有（？）」は生まれません。

　ここでいう仕かけとは、子どもたちの意識をゆさぶることであり、子どもたちにとって意外性のある社会的事象を提示することです。これを「意外性との出会い」と言っています。

　では、どのような社会的事象が子どもたちにとって意外性があるのでしょうか。社会的事象をどのように提示すると、学習問題と言われる疑問が生まれるのでしょうか。具体的にはⅢ章で詳細に述べます。

●ステップ「学習問題について予想する」

　7人中6人がスマートフォンで「何を操作しているのだろう」と疑問をもったとき、私は勝手に想像していました。「会社に緊急の連絡をしているのだろう」「今日の予定を確認しているのかな」、それとも「ゲームを楽しんでいるのかもしれない」など、気がつくと想像がふくらんでいました。

　学習問題をつかませるための次の段階は「学習問題について予想する」ことです。これが「ステップ」です。

　子どもたちが学習問題に気づくと、すぐに調べさせようとしますが、そのときは子どもたちはすでに「予想する」という思考操作を始めているものです。「たぶんこうではないか」「きっとこうだろう」といった、仮の答えを考える思考です。子どもたちに予想を促すときには、次の事項に配慮します。

・予想したことに対して、「どうしてそのように考えたのか」、予想の根拠や理由を聞き返します。
・子どもたちから出された多様な予想を学級やグループでまとめたりせず、あくまでも「自分の予想」をより確かなものにさせます。そのためには、まず自分の予想をノートに書かせ、学級で発表し合ったあとに、予想を再びノートに書かせます。
・子どもたちから出された予想を観点ごとに意図的に板書していきます。ここでの観点が、このあとの学習計画を立てる際に生かされます。

　このような手順を取りながら、子どもたちに学習問題に対して予想することを促すことには、次のような意義があります。

・習得した知識や見方などを活用して、論理的に思考したり、自分の考えを判断したりする能力を育てる機会になります。
・予想したことを発表したりノートに書いたりする活動をとおして、主として言語による表現力を育てることができます。
・「私の予想」を強く意識させ、問題を解決しようとする意欲や切実性を一層高めることができます。

　「学習問題について予想する」活動は、学習問題をより明確にし、子どもたちの問題意識を高めるうえで重要な通過点だと言えます。

●ジャンプ「予想の検証方法(学習計画)を考える」

　これまでの多くの実践では、子どもたちに予想を立てさせたあと、「では調べてみましょう」と、調べる活動に移行することが多く見られました。しかしここでの子どもたちの意識は、調べたい気持ちは高まってきていますが、それを確かめる方法については、まだまだ不明確な状態です。

　一人一人が自分の予想をしっかりもてたことが確認されたあとに、「では、予想を確かめるためには、どうしたらよいですか。調べる方法について考えましょう」と問いかけます。これは「学習計画を立てる」ことです。

　「予想の検証方法」を考えさせることが、学習問題をつかむ段階の「ジャンプ」です。ここでは、次のようなことに配慮します。

・どのような方法で調べるかを聞き出します。子どもたちからは、これまでの経験などを生かしてさまざまな調べ方が出されますが、それらのなかから実施可能な効果的な方法を選択させます。

・どのようなことを調べると、自分(たち)の予想が確かめられるか、調べる内容を明確にします。このとき、すでに予想したことが板書で観点ごとに整理されているとよいでしょう。

　このような活動をとおして、自分(たち)は、どのようなことを、どのように調べていくのか。調べること(内容)と調べ方(方法)が明確になります。子どもたちの問題意識が具体的になると、問題解決への見とおしが立ちますから、問題解決に取り組む意欲や態度も一層高まります。

　子どもたちの問題意識は「学習問題に気づく」「予想する」「学習計画を立てる」という一連の学習活動をとおして、徐々に高まっていきます。子どもたちは「ホップ・ステップ・ジャンプ」の過程を踏むことにより、一人一人の意識が学習問題をつかんだ状態に昇華していきます。

Ⅲ章 「学習問題づくり」のどこが問題なのか
― 10のチェックポイント ―

1 「学習問題づくり」－チェックポイント一覧

　前章では、社会科の授業において、どのような学習問題文がつくられているか。その類型化を試みました。そのうえで、学習問題が具備すべき要件について具体的に検討しました。

　ここでは、現在実践されている「学習問題づくり」の場面を点検するチェックポイントについて検討します。まず10のチェックポイントを一覧で示します。これによって、学習問題づくりのどこにどのような問題があるのかが明らかになります。

⑴　子どもに学習問題文を言わせないといけないと思ってはいないか
⑵　結局は教師が用意した学習問題文を提示してはいないか
⑶　学習問題づくりは学習問題文づくりだと考えてはいないか
⑷　疑問や課題が生まれるような場を構成しているか
⑸　学習問題文に疑問詞が含まれているか
⑹　学習問題に対する予想の練り上げを行っているか
⑺　予想を検証する手だてを具体的に考えさせているか
⑻　学習問題に対する「考え（結論）」を想定しているか
⑼　問題解決のグランドデザインが描かれているか
⑽　社会科として習得・獲得させたい学習内容を意識しているか

　⑴～⑶はすべて「いいえ」が、⑷～⑽までは「はい」が望ましい回答です。
　以下、各チェックポイントについて、授業での「学習問題づくり」の実際を紹介しながら、どこがどう問題なのかを考察し、さらにどこをどう改善したらよいかを解説していきます。

Ⅲ章 「学習問題づくり」のどこが問題なのか

2 「学習問題づくり」のポイント解説

(1) 子どもに学習問題文を言わせないといけないと思っていないか
●授業の模様

> 5年「庄内平野の米づくり」の場面です。まず給食の献立表を見て、私たちはほぼ毎日ご飯を食べていることを押さえました。次に、「山形県産ひとめぼれ」と書かれた米袋を示し、給食の米は山形県鶴岡市から届けられたことを確認しました。
> このあと、庄内平野の空撮の写真を見て、話し合いました。
> T　庄内平野はどのようなところでしょうか。写真を見て、どんなことがわかりますか。気づいたことは何でもいいですから、発表しましょう。
> C　田んぼが広がっています。
> C　向こうのほうに山が見えます。地図で調べると、「鳥海山」と書いてあります。
> C　田んぼの形がみんな長方形をしています。
> 　　　　　⋮
>
> このあとも子どもたちからの発言は続きます。一段落したところで、授業者は次のように問いかけました。
> T　これから米づくりについてどのようなことを調べたいですか。調べてみたいことをカードに書きましょう。
>
> これを受けて、子どもたちは「調べたいこと」を一斉にカードに書きはじめました。何を書いたらよいのか、戸惑っている子どももいました。ある子どもから「調べたいことは一つでなければいけないのですか」と質問が出されました。教師は「いくつでもいいですよ」と応答しました。書き終えた子どもは、カードを黒板に張りはじめました。カードは60枚近くにもなりました。

●どこが問題なのか

　子どもたちにこれから調べていきたいこと（学習問題）を書かせるという行為は、子ども自身が学習問題をつくるという、子どもの主体性を尊重しているものと受けとめることができます。しかし、ここには社会科の基本にかかわる次のような問題点があります。

・子どもたちからは多種多様な疑問が出されます。しかも「田んぼはなぜ四角い形になっているのか」「庄内平野ではどうして『ひとめぼれ』をつくっているのか」など、個別的で具体的な疑問が多く出されます。「なぜ庄内平野で米づくりが始まったのか」「庄内平野にはどのように行くのか」など、ここでの学習内容と直接かかわりのない疑問を書いてくる子どもがいるかもしれません。ここでの問題点は、このあと授業者がこれらの多様な疑問にどのように応えていくのかということです。もし疑問に応えないのであれば、どうして調べたいことを聞き出したのかが問われます。

・授業者の作成した学習指導案には「庄内平野で米づくりをしている人々は、おいしい米をどのようにつくっているのでしょうか」と示されていました。このような意味内容の「調べたいこと」を書いた子どもはほとんどいませんでした。授業者のねらっていること（概括的な学習問題）と、子どもたちの願い（個別的で具体的な学習問題）とのあいだに大きな乖離が見られます。

●どこをどう改善するか

・学習問題は子どもに言わせないといけない。書かせなければいけないという認識を変えることです。「どんなことを調べたいか」と聞いても、教師の学習指導案に計画されている「学習問題文」をその通りに書いてくる子どもはまずいないと受けとめていたほうがよいでしょう。

・「学習問題をつくる」とは、「学習問題文」を書くという方法技術の行為ではなく、問題意識をどう高めるかという子どもの内面の問題としてとらえることが大切です。

・「どんなことを調べたいか」と聞いても、教師が期待している学習問題を答えてくる子どもは少ないことから、この場面では「調べたいことは何か」と安易に聞くことを慎んではどうでしょうか。

(2) 結局は教師が用意した学習問題文を提示していないか

●授業の模様

> 「調べたいこと」を書いたカードは黒板に所狭しに張られました。このあと、授業者は次のように指示しました。
>
> 　T　「調べたいこと」がたくさん出されました。これからカードを分類・整理しましょう。
>
> 　教師が中心になって、子どもたちと仲間分けする作業が始まりました。いわゆるＫＪ法です。カードに書かれた文字づらを見て、同じものや似ているものが集められました。仲間分けが終わったところで、それぞれに見出しを付けていきます。例えば「米のつくり方」「農家の人の苦労」「地域の協力」などです。数の少ないものやどのグループにも入らないものは集められて「そのほか」というラベルが張られます。
>
> 　授業者は、「仲間分けが終わりました。これから学習問題をつくりましょう」と問いかけました。授業者は、板書された小見出しの言葉を拾いながら、「庄内平野で米づくりをしている農家の人たちは、おいしい米をどのようにつくっているのでしょうか」という学習問題に整理しました。
>
> 　授業者は、予め用意しておいた、学習問題文を書いた紙を掲示して、次のように語りかけました。
>
> 　T　みなさん！これで学習問題をつくることができました。これからこの学習問題について詳しく調べていきましょう。
>
> 　以上が、学習問題がつくられた場面です。
>
>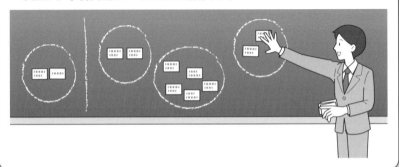

●どこが問題なのか

　子どもたちが事前に書いた「学習問題」は個々バラバラです。「書いたことをそれぞれ調べていきましょう」と言うわけにはいきません。その子どもにとっては価値のある学習問題であるかもしれませんが、教師から見ると、指導の目標から大きく外れているものもあるからです。

　そのため、ここに紹介したように、ＫＪ法などの整理法を取り入れて、結局は教師の意図している学習問題文を提示しています。さまざまな情報をＫＪ法で整理するという体験をすることは、情報処理の方法や能力を育てるうえで意味がありますが、学習問題をつくるという観点からは次のような問題点があります。

・個々の子どもがカードなどに書いた内容は、極めて個別的で具体的な疑問や問題です。その時点では具体的なイメージをもった、その子どもにとって切実性のある内容です。それが抽象的な言葉で集約されていく過程で、子どもの心が離れていくことです。表現された言葉だけが独り歩きして、機械的に処理されるからです。
・結局は教師の用意した学習問題が提示されることにも問題があります。子どもたちの言葉を拾いながらまとめていくのであればまだよいのかもしれませんが、予め模造紙などに書かれた「学習問題文」を示されると、子どもたちは「はじめから決まっていたのか。だったら、最初から示してくれればよいのに」という気持ちになります。自分たちが最初に考えた「調べたいこと」は何だったのかということになります。

●どこをどう改善するか

・教師のほうに想定している学習問題があるわけですから、教師のほうから提示するのも１つの方法です。その場合、そうした疑問や問題が生まれるように、資料を提示したり話し合ったりしながら場を設けることです。教師が提示したとき、子どもたちが違和感をもつことなく、「そうだな」「そう思ってたよ」とストンと胸に落ちるようにするところに教師の役割があります。
・子どもたちのつぶやきを拾い、表情の変化を観察するなど、子どもたちの状況をみながら学習問題を提示するタイミングを見計らいます。

Ⅲ章　「学習問題づくり」のどこが問題なのか

(3) 学習問題づくりは学習問題文づくりだと考えていないか

●授業の模様

> 　4年の「ごみのしまつ」の場面です。まず、市の人口の移り変わりのグラフを見て話し合い、市の人口は少しずつ増加していることを読み取りました。次に、市の人々が出すごみの量の移り変わりを示すグラフを見て、10年ほど前まで増えつづけてきたごみが、最近は減ってきていることに気づきました。子どもたちから「えー」「どうして」などのつぶやきが出されました。「それは…」「たぶん…」などと、学習問題についてすでに予想し、発言を求めてくる子どももいました。
>
>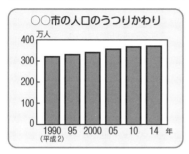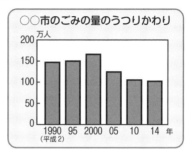
>
> 　こうした雰囲気のなかで、授業者は「それでは、2枚のグラフを見て、これから調べたい学習問題をノートに書きなさい」と指示しました。その瞬間、子どもたちの思考が一旦ストップしたように感じました。
> 　数分後、子どもたちに発言を促しました。多くの子どもたちは「市の人口が増えているのに、最近ではごみの量が減っているのはどうしてだろうか」と発表していました。

●どこが問題なのか

　こうした授業風景にはたびたび出会います。2つのグラフにはズレがあり、そこに目をつけさせることによって、学習問題に気づかせることができます。学習問題づくりの実践としては成功していると言えるでしょう。
　ただ、次のような問題点があります。

- 子どもたちの意識と乖離して授業が機械的に進行していることです。2枚目のグラフを読み取りながら、子どもたちからは「えー」「どうして」などの驚きを表すつぶやきが出されています。また、「それは…」「たぶん…」などの発言にも耳を傾けていません。前者は学習問題を学級全体のものとするために重要な場面であり、後者は予想につなげる場面であったにもかかわらず、十分に生かされずに、「それでは、2枚のグラフを見て、これから調べたい学習問題をノートに書きなさい」と改めて指示していることです。
- 学習問題をノートなどに書かせるタイミングにも問題があります。子どもたちのほとんどは疑問に気づき、その何人かが学習問題に対してすでに予想しているにもかかわらず、こうした意識の状況のなかで、あえて「学習問題をノートに書きなさい」と指示することは、高まってきた問題意識を分断することにつながります。学習問題づくりを学習問題文づくりとしてとらえていることによるものと思われます。

●どこをどう改善するか

- つぶやきを発した子どもを意図的に指名して、「どのことに驚いたの？」「『どうして？』と言った意味を説明してごらん」などと突っ込みを入れます。これによって、学習問題を学級全体に意識化させることができるからです。また「それは…」「たぶん…」などと、すでに予想している子どもに発言の機会を与えます。ほかの子どもたちに予想する活動を誘発させるためです。
- 子どもたちは学習問題文を成文として意識していなくても、その内容を何げなくつぶやく場合があります。予想している場合には無意識のうちに「たぶん…」などとつぶやくことがあります。授業者にはつぶやきに気づく鋭敏性と、それらを生かす俊敏性が求められます。東井義雄氏は『村を育てる学力』(明治図書出版)のなかで「子どものつぶやきが聞こえる、それは小学校一級普通免許状よりも、もっと大切な免許状なのだ」と述べています。
- 学習問題に気づく、予想するといった行為は、必ずしも順序立てて行われるものではありません。多くの場合、一体的に展開されます。子どもたちがすでに予想している状況を無視して「学習問題を書きなさい」などと指示すると、せっかく高まっている意識を分断してしまうことになります。

Ⅲ章　「学習問題づくり」のどこが問題なのか

(4) 疑問や課題が生まれるような場を構成しているか

●授業の模様

> 　5年の「これからの食料生産」の場面です。授業の冒頭で授業者は、子どもたちに次のように話しかけ、板書しました。もちろん子どもたちはそれをノートに書き写しはじめました。
> T　今日から「これからの食料生産」について勉強します。学習問題は、「わが国の食料自給率を上げるためにはどうしたらよいでしょうか」です。資料などで調べるまえに考えてください。どうしたらよいと思いますか。
> 　子どもたちはいきなり教師から投げかけられた学習問題であったにもかかわらず、必死で考えはじめました。しかし、挙手する子どもはかぎられていました。問題意識が弱かったのか、あるいは考えるための材料をもち合わせていなかったのでしょうか。
> 　　　　　　　　＊　　　　　　＊
> 　社会科の学習問題を設定する場面で、授業者がいきなり学習問題を提示することがあります。子どもたちは授業者の指示にしたがって、学習を進めていきますが、学習問題づくりの趣旨からいろいろと問題がありそうです。

●どこが問題なのか

　教師が学習問題を提示しても、子どもたちはそれに従います。「いやだ」という子どもはいません。しかし、仮に教師が一方的に提示する場合でも、それを自然なかたちで受け入れるように体制をつくってやることがせめてもの授業者の親心でしょう。ここに紹介した事例には、そうした工夫や配慮がまったく無いことが最大の問題だと言えます。
　このことを具体的に指摘すると、次のような問題点が明らかになります。
・授業者は「わが国の食料自給率を上げるためにはどうしたらよいでしょうか」という学習問題を提示しました。ところが、その前提になる次のような事柄

について何ら示していません。
  ・食料自給率の意味すること。
  ・わが国の食料自給率の実際（例えばカロリーベースで）。
  ・わが国の食料自給率は諸外国と比べて高くないこと。
  ・諸外国との関係から、わが国の食料自給率を高めなければならないこと。
  ・わが国の食料自給率をさらに高める必要があること。
・学習問題文に「主語」が無いことも問題点として指摘できます。だれがどうすることを問題にしているのかということです。政府なのか、農家なのか、その関係者なのか、あるいは自分たちなのかなど、立場によって対応策が変わってくるからです。学習問題文において主語を明確にすることは必要な要件です。

● どこをどう改善するか

・いきなり学習問題を示すと、子どもたちはその必要性を感じず、問題解決への意欲も高まっていきません。授業の展開に当たっては、学習問題に結びつく、前提となる事実を資料などで提示します。授業ではそれらを一つ一つ分析し、関連づけながら学習問題に気づかせていきます。何も無いところからは学習問題が生まれないことを肝に銘じておきたいものです。

・ここでは、学習問題を設定するに当たって、どのような事実が前提となるのでしょうか。例えば、わが国の食料自給率がカロリーベースで約４０％であることを示し、これはけっして高くないこと、万一外国からの食料輸入が滞ると、国内の食料が不足すること、食料を安定的に確保するためには国内の自給率を高める必要があることなどです。これらに気づかせる資料を提示して、丁寧に読み取らせていきます。

・わが国の食料自給率は高くないという事実と、外国での干ばつなどの異常気象で必要な食料が輸入できなくなる事実を対比的に示すと、子どもたちの意識がゆさぶられます。その結果、「どうにかしなければいけないな」と感じるようになり、意識が学習問題に近づいていきます。

(5) 学習問題文に疑問詞が含まれているか

●授業の模様

　社会科の学習問題文に注目すると、単に活動を促しているだけの、次のような学習問題に出会うことがあります。
　・大きな道路にそって歩いて、町を探検しよう。
　・水をきれいにしている浄水場のひみつをさぐろう。
　・自動車工場を見学して、自動車がつくられるまでを調べましょう。
　・織田信長の業績を調べて、新聞にまとめましょう。
　これらの学習問題に共通していることは、いずれにも疑問詞が含まれていないことです。「探検する」「さぐる」「見学する」「調べる」「まとめる」などの学習活動が明確になっています。そのため、子どもたちは意欲をもって生き生きと取り組みます。
　これらの学習問題では、地図をつくる、パンフレットを作成する、新聞をつくるなど、さまざまな表現活動が重視されています。学習の成果が目に見えるもの（表現物）として、結果が残されるというメリットがあります。そのために、表現物が評価の対象としても活用されています。
　個別学習のほかにグループでの学習が取り入れられることから、子どもたちの人間関係が深まり、学び合いなど協力し合いながら学習を進めていく態度や行動力が養われます。

●どこが問題なのか

　活動型、作業型の学習問題には、２７頁でも述べたように、予想以上に時間がかかります。この種の学習問題には、さらに次のような問題点を指摘することができます。
・社会科において、観察や見学、調査、資料活用などの調べる活動や、さまざまな形態のものに表現する活動が重視されていますが、学習問題が活動型になっていることから、活動すること自体が目的化してしまうことです。「何のための活動なのか」を明確に押さえて活動を促さないと、「何を学んだのか」

が曖昧になってしまいます。
・このことは、思考・判断しながら理解を深めていく行為が十分に行われなくなることを意味しています。学習問題文に「なぜ」「どのような」などの疑問詞を含めて示すことによって、思考や判断する行為が促され、その結果、理解が深まるという効果が期待されます。

●どこをどう改善するか

・学習問題文に「何を」「どのように」調べ、結果を「どのように」まとめるのかを示すことは、学習の目的とともに、見通しをもたせるために大切なことです。先の例では次のようになります。
  ・大きな道路にそって歩いて、町を探検しよう。
    ⇨ 私たちの町はどのような様子でしょうか。大きな道路にそって歩いて町を探検し、結果を白地図にまとめましょう。
  ・水をきれいにしている浄水場のひみつをさぐろう。
    ⇨ 浄水場を見学して、どのようにおいしくて安全な水にしているかを調べ、わかったことを図に表しましょう。
  ・自動車工場を見学して、自動車がつくられるまでを調べましょう。
    ⇨ 自動車工場を見学して、自動車はどのようにつくられているのかを調べて、リーフレットにまとめましょう。
  ・織田信長の業績を調べて、新聞にまとめましょう。
    ⇨ 織田信長はどのような業績を残したのかを調べて、歴史新聞にまとめましょう。
・学習問題をつかむことを学習の見通しをもたせることまで含めてとらえたとき、「学習問題づくり」の課題は、単に学習問題に気づかせるだけでなく、予想し学習計画を立てる活動まで含めて考える必要があります。このことによって、「何を調べるのか」ということとともに、結果を「どのようにまとめるのか」といった学習活動に見通しをもたせることができるようになります。
　このように、どのような内容の学習問題をつくるかという問題は、社会科授業の活動とともに、子どもたちに形成される社会認識の質を大きく左右するものと言えます。そのポイントは学習問題に疑問詞を含めることにあります。

(6) 学習問題に対する予想の練り上げを行っているか

●授業の模様

> 4年の「火事から人々の安全を守る工夫」でのことです。授業者は、まず火災現場の様子の写真を示し、火災の恐ろしさを子どもたちに印象づけました。その後、「消防署で働く人たちは、火事を早く消すためにどのような工夫をしているのでしょうか」という学習問題を提示しました。
>
> 学習問題に対して、予想したことをノートに書かせました。次は、子どもたちが各自予想したことを発表している場面です。
>
> C　赤信号のときでも、止まらないで行くことができるから早く行くことができると思います。
> C　サイレンを鳴らしていくから、道を開けてもらえる。
> C　消防士さんでない人も協力している。
> C　いつでも出動できるように、準備しているからだと思う。
> C　１１９番の電話を受けてから、すぐに服を着替えているから。
> C　日ごろから、火事を消すための訓練をしているから。
> C　消防自動車だけでなく、パトカーや救急車もかけつけている。
> C　火事が起きた場所の近くに消火栓があったからすぐに消せたのだと思う。
> 　　　　　：
>
>
>
> 子どもたちからは割合活発に予想が出されました。授業者は、子どもたちの発言を聞きながら、ほぼ同様な内容を順に板書していきました。

●どこが問題なのか

　学習問題づくりを単に学習問題文を設定することにとどまらず、予想する活動も含めてとらえるとき、子どもたちにどのように予想させるかということは

重要な課題です。予想する活動が充実することによって、学習問題をさらに意識することができるようになるからです。こうした趣旨から前頁に紹介した予想の場面を見ると、次のような問題点があります。

- まずは、子どもたちが自ら予想したことに対して、その根拠や理由が述べられていないことです。そのため、説得力のある予想になっていません。予想の根拠などが明確になると、仮に同じようなことを予想していたとしても予想の違いに気づくこともあります。
- 次に、予想の言いっぱなしになっていることです。ノートに書かれた予想を発表させていますから、つい一方向の発言になりがちです。しかし、子どもたちの問題意識を高めるためには、子どもたちの発言内容が相互に絡み合い、練り上げていくことが大切です。
- さらに、このような授業においては、教師による板書が羅列的になり、論点が明確にされていないことがあります。子どもたちの発言を網羅的に記述するだけでは、板書が子どもの思考を促し、理解を深める「もう１つの教材」としての役割を果たしません。また、これからどのようなことを追究していくのか。問題意識を明確にすることにもつながりません。

●どこをどう改善するか

- 予想に対して、必ず「どうしてそう考えたのか」、根拠や理由を付け加えるようにします。これによって、これまでの学習や経験などで習得した知識や見方などの活用を促すことができます。
- 子どもたちには、前者の発言を受けて、つなげて発言するように指導します。つなげるとは、いまの発言に付け足すのか、反対するのか、質問するのか、あるいは他の考えを発言するのかなど、自分の考えの立ち位置を明確にさせることです。このことによって、予想の練り上げができるようになります。
- 授業者は、論点の違いが明確になるように整理しながら板書します。ここでの事例では、例えば事前の「予防」と緊急時の「対応」の２つの観点で整理することが考えられます。「対応」については、さらに火事現場に行くまでと火事現場でのことに分けて板書する方法もあります。子どもたちから出された多様な予想をどう構造的に整理された板書にするか、授業者に求められる能力です。

(7) 予想を検証する手だてを具体的に考えさせているか

●授業の模様

> 　5年の「水産業の盛んな地域」での授業場面です。学習問題は「水産業が盛んな地域では、どのような工夫や努力をして、私たちの食生活を支えているのだろうか」です。学習問題に対して子どもたちに予想させ、それらを発表させたあとの教師の指示です。
> 　まずはA学級です。
> 　T　学習問題に対して予想ができましたね。それではこれから調べていきましょう。教科書の○○頁を開けてください。
> 　子どもたちは一斉に指示された教科書の○○頁を開きました。
> 　次はB学級での教師の指示と子どもたちの反応です。
> 　T　学習問題に対して予想ができましたね。それでは、実際に調べるまえに調べ方を考えましょう。実際に○○○に行くことはできませんね。その予想を確かめるにはどのように調べますか。
> 　C　社会科の資料集で調べればよいです。
> 　C　インターネットで調べたいです。
> 　C　学校の図書館で、本を探します。
> 　C　漁業協同組合（漁協）に電話して調べることはできませんか。
> 　T　いろんな調べ方が出されましたね。それでは次の時間から実際に調べていきましょう。

●どこが問題なのか

　これまでの多くの授業では、子どもたちに予想させたあと、すぐに調べる活動に入ることが一般的でした。もちろんこうした展開もあっていいのですが、問題解決能力の育成を目指して、問題解決的な学習を充実させるためには、予想する活動と調べる活動のあいだにもう1つの重要な活動を位置づける必要があります。その活動とは「調べ方を考える」ことです。この点から事例を見ると、次のような問題点があることに気づきます。

- A学級では、どのように調べるかを考えさせる場面がありません。調べ方についての議論がないと、教師のほうから「教科書の○○頁を開けてください」のように、調べ方を教師が一方的に指示することになります。それに対して、B学級では「調べ方を考えましょう」と促していますから、子どもたちの関心や思考はこれからの学習の方向に向いています。子どもたちからはこれまでの経験などをもとに多様な調べ方が出されています。
- ただ、子どもたちの反応を見ると、いずれも「調べる方法」に関することばかりです。これではこれからの調べる活動の方向が必ずしも明確に定まっているとは言えません。それぞれの調べ方において「何を」調べるのか、「どのようなことを」聞くのかが具体的になっていないからです。

●どこをどう改善するか

- 予想が明確になったあと、「予想を立てることができましたね。それでは、それらを確かめる方法を考えましょう。どのように調べたらよいですか」と問いかけます。
- 予想したことについて確かめる方法を考えさせるとは、学習計画を立てることです。授業者が目標を踏まえて、「なにを（内容）」「いかに（方法）」指導するかを指導計画として作成するように、子どもたちに学習計画を立てさせる際にも、学習問題に対する予想を検証するという目的を達成するために、「どのようなことを」「どのような方法で」調べるのか、内容と方法の観点から計画を立てさせます。特に「何を調べるか」ということと、予想したこととは関連しています。この場面で「どのようなことを調べたいか」「どのようなことを調べなければならないか」と問いかけます。
- 調べたことをどのようにまとめるか。まとめ方までを計画させておくと、さらに先まで学習の見通しをもたせることができます。「新聞にまとめる」などのまとめ方を示しておくと、追究場面の学習でも、常にゴールを意識して毎時の学習成果を整理していくことができます。
- 学習計画はこれから学習するスケジュールです。教室内に、「学習問題文」と一緒に「学習計画表」を掲示しておくとよいでしょう。いつでも、いまどこを学習しているのかを確認することができます。

(8) 学習問題に対する「考え（結論）」を想定しているか

● 授業の模様

> 6年の小単元「3人の武将と天下統一」の学習場面です。これまで調べてきたことをまとめる時間です。学習問題は「織田信長・豊臣秀吉・徳川家康はどのように戦国の世を統一していったのでしょうか」でした。
>
> 授業者は「今日は、織田信長・豊臣秀吉・徳川家康のなかから、興味をもった人物を1人選んで、調べたことを新聞にまとめましょう」と指示しました。歴史新聞づくりは子どもたちの好きな学習活動の1つです。子どもたちは取り上げる人物を1人選んで、ノートを見なおしたり、教科書や資料集を振り返ったりしながら、人物の業績や性格などを新聞にまとめていました。
>
> 子どもたちは大変意欲的に、そして楽しそうに取り組んでいました。

● どこが問題なのか

　学習のまとめとして「新聞」という表現手段がたびたび取り上げられています。新聞の特性を踏まえて、構造的に整理することは、知識を確認するだけでなく、論理的な思考力や構想力、表現力をはぐくむためにも有効なことです。ただ、次のような問題点を指摘することができます。
・まとめの時間の趣旨は、調べたことを整理することと、調べたことから考えることにあります。いずれにおいても「何について」整理し考察するのかを明確に押さえておくことがポイントです。多くの実践では、前者の整理する

ことのみに関心が向いています。それは、まとめの時間に、小単元の冒頭で設定した学習問題が授業者だけでなく子どもたちにも忘れられ、意識されていないことにあると思われます。
・ここで紹介した事例では、学習問題が「織田信長・豊臣秀吉・徳川家康はどのように戦国の世を統一していったのでしょうか」でした。にもかかわらず授業者は織田信長・豊臣秀吉・徳川家康のなかから1人の人物を選択させ、新聞にまとめさせています。これでは、信長・秀吉・家康のうちの1人については理解できても、3人がリレーしながら天下を統一していったことは理解できません。「点」のまとめになっても、プロセスをとらえた「線」によるまとめにはならないからです。
・小単元の入り口では学習問題づくりを意識しても、それがまとめの時間まで継続的に意識されていないために、子どもたちにまとめさせたい内容が不明確になっています。結果として「学習問題」と「まとめる内容」とが乖離しているところに問題があります。

●どこをどう改善するか
・授業者が学習問題は小単元を貫いているものとして常に意識し、学習問題に対する「考え(結論)」を想定して、子どもたちにまとめる活動を促すことがポイントです。
・まとめる時間には、まず次のことを振り返ります。
　・どのような学習問題を追究してきたか。
　・はじめにどのような予想をしていたか。
　・これまでどのような学習計画にもとづいて調べてきたか。
・そのうえで、これまで調べたことを新聞や図表などに整理します。それをもとに、学習問題について自分の「考え(結論)」をまとめさせます。
・教師も子どもも学習問題という学習テーマを終始意識することが重要です。そのためには、学習問題を毎時の導入場面で確認させます。学習問題文を教室内に掲示しておくとよいでしょう。

(9) 問題解決のグランドデザインが描かれているか

●授業の模様

> 　学習問題づくりの授業は、これから問題解決するスタート台に子どもたちを立たせることです。こうした場面の授業を参観していて感じることは授業者の授業デザインのスケールです。ここでいうスケールとは、これから先のことをどこまで見とおしているかという、授業のサイズのことです。
>
> 　特に研究授業では、教材を吟味・検討し、活用する資料を作成します。発問や指示の仕方や資料提示の方法をああじゃないかこうじゃないかと工夫します。その結果、本時の学習指導案を何度も書き換えることがあります。公開する「本時」の授業づくりに多くの時間とエネルギーが割かれているのが実態です。
>
> 　授業当日の授業者は、予定されている学習問題をつくることに最大の努力をはらいます。授業者の意識が子どもたちに投影し、子どもたちも活発に学習に取り組んでいます。子どもたちの問題意識が高まれば、学習問題づくりの授業として成功したと言えるでしょう。授業が終了すると、授業者の燃焼しつくした、ホッとした表情が見られます。その気持ちがよく伝わってきます。

●どこが問題なのか

　これはこれでとても大事なことですが、本時案に関心が集中し、小単元全体のイメージを描かれないままに実践されている印象を受けます。授業づくりのスケールが「本時」にとどまっているところが気になります。

　「木を見て、森を見ず」という戒めの言葉があります。細かなところに目が行き過ぎて、全体の姿を見失うことを指摘したものです。「木」とは授業において「本時」を指します。「森」は「小単元」に当たります。これに当てはめて考えると、授業づくりにおいても「木を見て、森を見ず」にならないようにすることが大切です。そのためには、まずは小単元全体を見通した授業のグランドデザインを作成する必要があります。

ここでの学習問題づくりの授業場面の問題点を改めて整理します。
・子どもたちにもたせた学習問題をこれからどのように追究させていくか。およその見通しをもっているか。
・授業者は学習問題づくりから問題の解決、そしてまとめまで、問題解決の過程を描いているか。
・授業者も授業参観者も本時の授業に関心が集まっているが、本時のみを話題にする授業研究から、小単元全体を見通した授業研究に脱皮することが求められるのではないか。

●どこをどう改善するか
・授業者は小単元を対象にした指導計画の作成能力を身につけます。一方、授業参加者にも、小単元を見通した授業の観察力と分析力が求められます。
・小単元の指導計画作成の手順について次のことを確認します。
  ① 小単元の目標を設定する。
  ② 目標に示された知識・理解事項（概念的知識）の獲得につながる学習問題を考える。
  ③ 子どもが学習問題に気づくような資料提示などの手だてを考える。
  ④ 追究の仕方を想定する。（資料の準備、読み取らせ方など）
  ⑤ 調べたことのまとめさせ方を考える。
・学習問題づくりの授業において、その学習問題はどのように追究されていくのか。小単元の終末ではどのようにまとめられるのかといった、小単元全体のグランドデザイン（指導計画）が描かれている必要があります。このことは、小単元の「入口」に当たる学習問題と「出口」に当たるまとめとの関係性を押さえたうえで、本時の位置や役割を明確にしながら授業を進めることです。

図4：小単元のデザイン

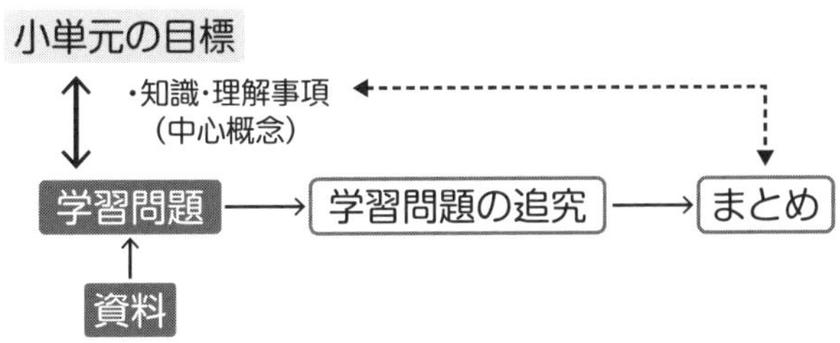

⑽ 社会科として習得・獲得させたい学習内容を意識しているか

●授業の模様

> 　社会科の学習問題づくりの場面において、次のようなT₁〜T₃のような教師の発問や指示やそれにもとづく子どもたちの反応が見られます。
> 　T₁ この写真は交通事故の現場の様子です。これを見てどんなことに気づきますか。どんなことでもいいですから、自由に発表してください。
> 　これを受けて、子どもたちからはさまざまな発言が活発に出されます。授業者は「どんなことでもいいです」と言っていますから、「近くに犬がいます」など、どう考えてもとんでもないことも出てきます。
> 　T₂ （奈良の大仏の写真を見て話し合ったあと）この資料を見て、これからどんなことを調べていきたいですか。調べたいことをカードに書いてください。数はいくつでもいいです。
> 　子どもたちからは、疑問がたくさん出されます。「大仏の頭にある、ドッジボールのようなものはいくつあるのか」「大仏は男か女か」など、ここでの学習とは関係の薄いことを書いてくる子どももいます。
> 　T₃ 今日は、自分が考えた学習問題について自由に調べる時間です。自分の好きな方法で調べてください。
> 　子どもたちは一人一人活発に活動を開始しました。ところが、調べる力に差があるのか。集中して取り組んでいる子どもがいる一方で、ウロウロするだけで、時間が過ぎても十分に問題解決できない子どももいました。
> 　いずれの場面においても、子どもたちの意思を大切にしたい。子ども主体の授業を進めたいという授業者の思いが伝わってきます。これはこれでとても大切なことです。

●どこが問題なのか

　ここに紹介した授業場面には、「どんなことでもいいです」「自由に」「調べたいこと」「好きな方法で」など、いずれも学習活動を子どもに委ね、子どもの主体性を尊重している言葉かけが見られます。こうした言葉には、次のような問

題点があります。
・授業者は「どんなことでもいいです。自由に発表してください」と指示していることです。授業者には交通事故の現場の写真から気づいてほしいことが必ずあるはずです。そのことに気づくような発問や指示をしていないところが問題です。
・子どもの主体性を尊重するあまり、社会科で身につけるべき学習内容が十分身につかないおそれがあることです。すなわち、「いかに」学ぶかを重視しすぎていて、「なにを」学ばせるのかが不明なことです。
・社会科の授業において、教師の役割とは何かが意識されていないと、子どもたちに活動させることが先行し、学ばせなければならないことを学ばせないままになってしまうことになります。社会科固有の役割は「社会とはどのようなところなのか」をわからせることです。このことをいつも確認しながら授業づくりを進めることが大切です。

●どこをどう改善するか

・学習問題づくりの授業場面に限らないことですが、子どもの主体性を尊重するという軸と、教師の指導性を発揮するという軸との関係性をつねに意識しながら、子どもたちに関わることが大切です。子どもたちに自ら学ぶ力がまだまだ不十分な状況のときには、それらを伸ばす努力をしつつ、教師の出番が多くなります。逆に、子どもたちが力をつけてきた状況のなかでは、教師は少しずつ引きながら、子どもたちに活動を委ねていきます。ポイントは、授業者が子どもたちの関心や能力などの状況を適切に把握し、それに応じた関わりを考えることです。
・社会科は内容教科であることを踏まえて、「なにを」指導するのかを予め明確にしておきます。そのひとつのアイデアとして小単元を対象に「知識の構造図」を作成する方法が取り入れられています。次頁にそのサンプルを紹介しました。これによって、1単位時間に習得・獲得させる知識が明確になり、授業者はそれぞれの内容を意識した学習問題やめあてを設定しようと努めるようになります。詳細は『社会科学力をつける"知識の構造図"』及び『"知識の構造図"を生かす問題解決的な授業づくり』(ともに明治図書出版)を参照してください。

図5：知識の構造図（5年「自然災害からくらしを守る」5時間扱い）

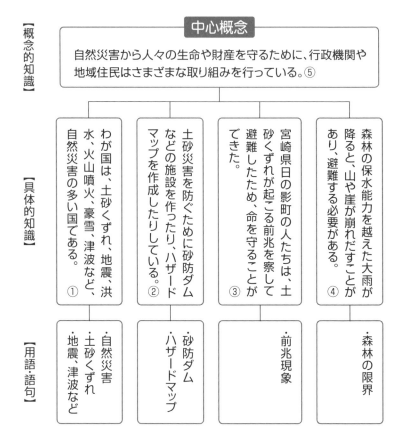

（注）①～⑤は学習の順序性を表し、それぞれの知識を習得・獲得させる時間を示している。

Ⅳ章 学習問題づくりの方法
　　　—その手ほどき—

1　子どもが「学習問題」に気づくとき

●意外性との出会い

　かつて学校現場に籍を置いていたとき、校内で社会科の学習問題づくりの研究に取り組んだことがあります。どのような手だてを取ると、子どもは学習問題に気づくかという研究テーマで5年間継続して取り組みました。そこから生み出された結論の1つが「意外性との出会い」というキーワードです。

　私たちは誰でも、何もないところから疑問や問題をもつことはありません。基本的に無から自然発生することはありません。多くの場合、何らかの事象や事実に遭遇し、それとの関係性のなかで意外性を意識したときに「はてな」が生まれます。

　意外性という関係性は、子どもの意識と対象とのあいだに生じる「ズレ」です。学習の主体者である子どもにとって対象は、大きくとらえると2つあります。1つは社会的な事象や事実です。具体的には資料（もの）です。いま1つは友だちの反応や教師からのゆさぶり発問などです。

　これまでの研究や実践から、次のようなとき子どもたちは意外性を意識し、疑問や問題をもつことが明らかになってきました。

⑴　資料（事実）と資料（事実）とのあいだにズレが見られるとき
⑵　資料（事実）と子どもの認識とのあいだにズレがあるとき
⑶　子どもたちのなかで意見が対立したとき（子どものなかのズレ）

　これらに共通していることは、資料（事実）に出会ったときや自分の考えと違った意見に対して、これまでの学習や生活において習得した知識や見方（認

Ⅳ章　学習問題づくりの方法

識）では、合理的に解釈、説明できないときに疑問や問題が生まれてくるということです。

さらに、次のような場面でも問題意識が高まります。

> (4) 既習の知識や見方を連続・発展させようとするとき
> (5) 社会的事象を自分ごととして意識したとき

●啐啄同時

　研究をとおして明らかになった、いま１つのキーワードは「啐啄同時」ということです。啐啄同時の意味は、卵を抱き温めている親鳥と卵からかえる雛との関係にたとえることができます。日数が経って鳥の卵が成熟してくると、なかの雛は殻からかえろう（出よう）とします。このとき、雛は殻のなかから殻をつつきます。そのときの音を「啐」といいます。その音を聞いた親鳥は、少しでも抵抗なく出させたいという親心なのか、外から殻を突っ付いてかみ破るそうです。これを「啄」といいます。雛の行為と親鳥の行為は一体的、協働的に行われます。

　学習問題づくりにおいても、雛と親鳥とのあいだで繰り広げられる啐啄同時の関係と同じように考えることができます。雛とは子どもであり、親鳥は教師のことです。子どもの意識と授業者の意図の関わりが啐啄同時であるとは、次のような関係性が生まれることです。

　教師から複数の資料が提示されます。読み取りをとおして、子どもたちはズレに気づき、一部の子どもから「どうしてだ」とか「おかしいよ」などのつぶやきが発せられます。けげんな表情をする子どもが出てくるかもしれません。授業者はこうした状況をつぶさに観察し、タイミングを見計らって「どこがおかしいのか。説明してごらん」「いま不思議な

顔をしたね。どうして？」などと問いかけ、子どもの内面に起こった意識のズレを言葉で表現させます。子どもの疑問や思いを引き出すようにします。

子どもたちから、授業者の期待している学習問題文がそのまま表現されることはまずありません。それに近い内容の疑問や問題を発することはあります。子どもたちのつぶやきや発言を受けとめながら、学習問題を提示します。この場面で授業者が示しても、子どもたちは違和感を感じることはありません。子どもたちの意識の路線に乗っているからです。「どんなことを調べたいですか」と聞いたり、「それでは、これから学習問題をつくりましょう」と改めて求めたりする必要などまったくありません。

● 学習問題に気づいたことをどう評価するか

ここでの重要なポイントは、資料などから疑問や問題に気づいたとき、子どもたちの多くはすでに「たぶんこうではないか」「きっとこうだろう」と、すでに仮の答えを考えているということです。学習問題に対して、予想し始めていることです。

啐啄同時の関係のなかで気づいた問題意識を断ち切ることなく、その流れを重視し、子どもたちの予想していることを発表させます。そのまえに、予想していることを一人一人にノートに記述させることも考えられます。予想の根拠を書かせると、ほかの子どもとの違いも明確になります。

自分の考えた予想が書けることは、その子どもが学習問題に気づいているからです。もし書けない子どもがいたとき、その子どもは学習問題をまだ十分意識していないと判断できます。内容はいずれにしろ、自分なりに、できれば根拠のある予想ができれば、学習問題に気づいたと評価することができます。

学習問題文が書けたから学習問題に気づいたと判断するのは、やや拙速だと言えます。学習問題に気づくとは、書けたか書けないかという表現の問題ではなく、子どもの内面に醸成される問題意識の問題だからです。

2 学習問題づくりの手ほどき

(1) 資料（事実）と資料（事実）とのあいだのズレ
●ズレのつくり方

　社会科の授業は「資料が命だ」と言われます。授業を展開するときに、資料が必ず登場するからです。学習問題づくりの場面においては、この資料にポイントがあります。

　資料①から発見した事実と資料②から発見した事実を結びつけたとき、両者の関係性をこれまでの学習や生活のなかで習得している既有の知識や見方・考え方を活用して解釈したり説明したりできないとき、「どうしてだろう」と疑問をもちます。資料①と資料②を結びつけることによって、疑問や問題が生まれるような関係性を「ズレ」と言います。

　資料と資料とのあいだのズレとは、大きくとらえると「違い」と「変化」の2つあります。「違い」は空間的な認識によって、「変化」は時間的な認識によって、子どもはズレに気づきます。空間軸と時間軸の観点から、資料と資料とのあいだにズレのある事象や事実を提示すると、子どもたちは学習問題に気づくようになります。次にこのことを具体的に考えます。

●空間的なズレを生かす

　まず、空間的なズレを生かすという「違い」から学習問題に気づかせることについてです。

　ここに、棒グラフで表した統計資料があります。1つはここ10年間の「○○市の人口の変化」です。いま1つは同じくここ10年間の「○○市のごみの量の変化」です。人口の変化とごみの量の変化は一般的に連動しています。

　人口が増えていくと、ごみの量も増えていくというのが一般的な傾向です。○○市の人口が増えている（あるいは変わらない）とき、ごみの量も増えていれば（あるいは変わらなければ）、そこから疑問は生まれません。「当然だ」と意識が安定してしまうからです。ところが、ここ数年のごみの量が減ってきている場合には、子どもたちから「人口が増えている（あるいは変わらない）のに、どうしてごみの量は減っているのか」という疑問が生まれます。ここでは「のに」という強調した語句がポイントです。

こうした同じ市において見られる２つの事象のあいだの違いが、空間的な「ズレ」です。こうしたズレを生かして学習問題に気づかせることができます。
　もう１つの事例を紹介します。２枚の写真を用意します。１枚目の写真は宮城県気仙沼湾で漁師さんが筏に乗ってカキの養殖の仕事をしている様子です。ここでは、まず気仙沼湾の位置を地図で確認し、写真の人は漁師であることを押さえます。写真の人は畠山重篤さんであることも伝えておきます。もう１つの写真は、気仙沼湾に注いでいる大川の上流にある室根山で子どもたちが植林をしている様子です。ここでもまず室根山の位置を確認し、大勢の人たちが木を植えていることを押さえます。植林しているのは、秋になると葉っぱが紅葉して落葉する木であることを伝えます。そして、写真のなかの１人の人物に注目させ、「ここで子どもたちに植林を教えているのは、先ほど見た写真のなかでカキの養殖の仕事をしていた畠山重篤さんだよ」と知らせます。
　すると、子どもたちは２枚の写真を結びつけ、「どうして畠山さんが、……」とか「畠山さんは漁師さんなのに、どうして山にまで行って木を植えているのか」などと、疑問がつぶやかれます。こうしたつぶやきを受けて、「どうしてだろうね」と問い返すことによって、学習問題が設定されます。教師が問いかけても子どもたちは自然な状態で受け入れてくれます。海でカキの養殖をしている漁師さんである畠山さんが、山にまで行って木を植林していることに、子どもたちは意外性を感じたからです。これが空間的な「ズレ」です。
　ここに紹介した事例のように、空間的なズレを生かすとは、複数の事象（事実）を平面的、並列的に並べて比べさせたり関連づけさせたりするところに特色があります。社会の地理的な環境や社会システムなど現状を学ぶ社会科において、空間的に見られるズレを生かして学習問題に気づかせる工夫はさまざまな場面で取り入れることができます。

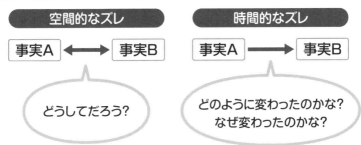

●時間的なズレを生かす

　次に、時間的なズレを生かすという「変化」から学習問題に気づかせることについてです。ある事象や事物の現在の状況と過去の状況を提示します。２つの事象や事物が時間的な経過や何らかの影響によって、ＡからＢに変化したことを認識すると疑問や問題をもちます。特にＡからＢへの変化が大きいほど、ズレを感じ、問題意識を強くもちます。

　両者を結びつけて「ＡからＢに変化したのはなぜか」「どのようにＡからＢに変化したのか」といった類の疑問に気づきます。ＡとＢのあいだの「ブラックボックス」を埋めようとする意識が働くからです。

　この種の学習問題づくりは、歴史学習において効果的です。まずＡ時点の歴史的事象を提示し、次にＢ時点の歴史的事象を提示します。両者のギャップが大きいほど、「なぜなのか」「どうしてなのか」、あるいは「どのように」といった疑問をもつようになります。

　例えば、まず江戸時代末ごろ（１８６０年ごろ）の日本橋付近の様子を提示して読み取らせ、次に同じ日本橋付近の明治時代始め（１８８０年ごろ）の様子を読み取らせます。すると、わずか２０年ほどのあいだに、まちの景観や人々の様子などが大きく変化したことに気づき、このように変わったのはどうしてだろうかという学習問題を設定することができます。

　また、江戸時代の終わりごろ（１８５８年）にアメリカなど５か国と結んだ「修好通商条約」が日本にとって大変不利な内容だったことを思い起こさせ、１９１１年にその不平等な条約が改正されたことを年表で確認させます。条約改正に５０数年もかかったことに気づくと、「条約を改正するために、当時の人々はどのような努力をしたのだろうか」といった疑問をもちます。

　時間的なズレを生かすというアイデアは、産業学習においても活用することができます。例えば「工場で働く人」の学習で、まずパン屋さんで購入してきた美味しそうなパンを示します。次に、パンをつくるために必要な原料である小麦粉や砂糖、ベーキング・パウダー（ふくらし粉）などを用意します。両者を並べて「これらを使ってパンがつくられます」と話します。子どもたちはそれぞれに目をやり、両者を結びつけながら「小麦粉がパンに変身した」「パン屋さんはパンをどのようにつくっているのだろうか」と疑問をもちます。

Ⅳ章　学習問題づくりの方法

(2) 資料（事実）と子どもの認識とのズレ

●ズレのつくり方

　教師が資料（事実）を提示して、子どもの認識とのあいだのズレを利用して学習問題をつくるときには、まず子どもはどのような知識を習得しているのか、どのような見方や考え方、感じ方や受けとめ方をするのかなど、子どもの実態や傾向性を把握しておく必要があります。

　小さい子どもほど次のような傾向があります。海にはどこにでも魚がいると思っています。海底の地形条件や気象条件などに大きく影響を受けることなどには気づいていません。米や野菜などの農産物は、自然に成長していると思っている子どももいます。お店の品物もただ並べていれば売れると簡単に思っています。また、毎日の生活のなかで、ごみ集積所に出されたごみがどのように始末されているのかなどほとんど関心がありません。分別することは知っていても、ごみは「出せば終わり」です。蛇口をひねれば容易に出てくる飲み水がどこからどのように蛇口までやって来るのか、ほとんど意識しないで飲料水を使っています。さらに、火事になったとき消防自動車が出動することは知っていても、出動した消防自動車がどのように配置されるかは知りません。

　歴史に関する事象についても同じようなことが言えます。それらは「あるもの」としてとらえる傾向があります。歴史上の出来事や事象は、当時の人々の努力と深く関わっていることなど、ほとんど意識していません。歴史は「あるもの」ではなく、さまざまな人々が「つくってきたもの」だと気づかせることによって、より歴史学習らしい学習問題に気づかせることができます。

　資料の事実と子どもの認識とのズレを生かして学習問題をつくるためには、まず子どもの実態をよく知ることがポイントです。

図6：子どもの素朴な意識（例）

海にはどこにも魚がいるのではないの？	ごみを分別することがリサイクルしていることだね	田んぼで仕事をしている様子はあまり見ないね	消防自動車は火事の現場の近くに集まるよ

●子どもにとって意外性のある事実

　ある社会的事象に対して、Aだと思い込んでいる子どもに、じつはAではなくBだという事実（現実）を示すと、子どもは「どうしてAではなく、Bなのか」と、自然な状態で疑問をもちます。

　先に示した子どもの傾向を例にします。海にはどこにでも魚がいると思っている子どもたちに、「○月の漁業カレンダー」の資料を提示します。ここには出漁した日、その日の天候、魚のとれ具合が、日にちごとに記録されています。これを見ると、「漁には毎日出ていないこと」「日によって魚をとった量に違いがあること」を改めて知ります。これまでの知識や意識がゆさぶられ、子どものなかに疑問や問題が生まれます。

　みかんの栽培について果実を自然に成長させていると思っている子どもに、摘果している場面の写真を提示します。すると、「せっかくできた実をどうして摘んでしまうのか。もったいないよ」と疑問をもちます。

　また、消防自動車は火事現場の近くに止めると思っている子どもに、「散らばって止まる」という事実（消防署で作成している消防自動車などの配置計画）を知らせると、子どもたちの意識が引っ繰り返されます。そして、「火事現場の近くに止まったほうが、早く火を消せるのに、どうしてバラバラに止めて火を消すのか」と、真剣な顔をして疑問を発してきます。

　子どもたちの周りには、これまでの学習や生活のなかで習得した知識や見方などでは解釈できない事象や事実がたくさんあります。子どもたちにとって知らないことがまだまだたくさんあります。子どもたちのなかには「知ってるよ」とか「知ってる。知ってる」と連発する子どももいます。これは知ってると思っているだけで、実は知らないことが多々あります。聞きかじりだったり、言葉として知っているだけで、その中身はほとんどわかっていなかったりします。「知っていると思っていたことが実はよく理解していなかったこと」に気づかせることは大切な学習です。

　子どもたちにとって意外性のある事実を教材化し、資料として加工して提示することにより、学習問題づくりに生かすことができます。教師には日ごろからアンテナをもって、子どもたちにとって意外性や驚きのある資料を収集することが求められます。

●驚きのある事象を数字化して提示する

　社会的事象に出会ったとき、子どもたちが驚きを示す場面に「数量（数字）」があります。一般に大きい数字を見ると、驚きを示す傾向があります。特に大きいこと、広いこと、速いこと、数や量が多いことなどの数字には敏感に反応します。逆に、極端に小さいこと、狭いこと、時間がかかること、少ないことなどにも驚きを示すことがあります。学習問題を設定するとき、こうした子どもたちの受けとめ方を利用することができます。

　例えば次のような社会的な事象や事実をあげることができます。
・市全体の１日当たりの給水量（飲料水）をただ数字で示されても、実感がもてず、驚きを示すことはありません。その数字をもとに、学校のプール何杯分になるかを計算したり、１人当たりの量に換算し、それを１リットルのペットボトルに置き換えたりすると、その量を実感することができます。そこから「こんなに多くの量の飲み水をどのように確保しているのだろうか」という学習問題に気づかせることができます。
・自動車工場の敷地の様子の空撮写真を示されても、その広さはなかなか実感できません。周囲に写っている民家と比べさせてもよいのですが、それでは感覚的な受けとめで終わってしまいます。敷地の縦と横の長さと、実際の面積を示し、それを身近な校庭と比べ、何個分かを計算すると、広いことを数量的に実感するようになります。そこから、自動車工場での生産活動に関心を向けていくことができます。
・奈良の大仏の大きさに気づかせ、そこから学習問題をつくる実践はこれまでもたびたび行われてきました。大仏の大きさは台座の部分を入れると約１９メートル、座高は１５．８メートルであることを数字で示すこともできます。耳だけでも２．５メートル、目の幅は約１メートルなど、大仏の部分を取り上げることもできます。校庭などに実際に書かせてみると、その大きさをより実感します。そして、「どうしてこんなに大きな大仏をつくったのだろうか」「どのようにつくったのだろうか」といった学習問題に導くことができます。

　このように、身近なものとも比べながら、数字化して示すことによって、学習問題づくりを行うことができます。

●子どもの感情に訴えて

　子どもの素朴な感情をゆさぶる、意外性のある事実を提示しながら学習問題に気づかせることもできます。子どもたちは、一般に恐ろしいこと、こわいことには敏感に反応します。困っていることやかわいそうな場面では同情を示します。汚いものより美しいものを求めます。

　こうした観点から、子どもの素朴な感情をゆさぶる事例には、次のような場面があります。

・民家がもうもうと燃えている火事の現場から、早く火を消さなければという意識が生まれます。ここから「早く火を消すためにどのような工夫をしているのだろうか」という学習問題を設定することができます。

・東日本大震災で津波に襲われた町の様子（写真）や約２万人もの大勢の人が犠牲になった事実（数字）を調べると、そこから「地震などの自然災害から人々の身を守るためにどうしているか。またどうしたらよいか」という問題意識が生まれます。

・ノルマントン号が沈没したとき、日本人の乗客は助けられずに全員が溺れて死亡したことを知ると、「どうしてこんなことが起こったのか」と怒りをあらわにします。そこから疑問や問題の追究が始まります。

　このように、子どもたちの素朴な感情のゆれや共感する気持ちを生かしながら、これから追究していく学習問題に導いていくことができます。ただ、感情はあくまでも個人的な表現ですから、それがすべてではありません。感情が優先されすぎると、社会の現実を見失うことにもなりかねません。社会の事象や事実をできるだけ冷静にかつ客観的にとらえることが大切であることは言うまでもありません。

　また、子どもの感情に訴えるような事実を提示するときには、資料の作成と活用に当たって、それらに関わっている人たちのプライバシーに十分配慮する必要があります。

(3) 子どもたちの意見の対立を生かして

●多様な考えを論点整理しながら

　ここでは、ある社会的事象について話し合ったあと、教師が学習問題を提示します。それに対して、子どもたちに考えさせ、その考えを教師が板書しながら、整理していきます。その板書した事項を見ながら、改めて学習問題を示します。子どもたちは考えの違いに気づき、学習問題を自分のこととして意識します。このことを具体的にみていきます。

　次のような事例があります。6年の「政治の働き」に関する学習場面です。子どもたちが日ごろ利用している児童館の施設について話し合いました。児童館が子どもたちにとって身近なもの、大切なものであることを確認したあと、授業者は「こんなに楽しい児童館をつくったのはだれかな」と問いかけました。子どもたちからは、次のようなさまざまな意見（考え）が出されました。
・町会の人たちが話し合ってつくったのではないか。
・町会には、僕の家も入っているよ。住民がつくったんだよ。
・建物の看板に「○○市立」と書いてあるから、市の人ではないかな。
・市役所の人がつくってくれたのかな。児童館をつくる係があるのかも…。
・市には市議会があるって聞いたことがある。選挙で選ばれた議員さんかな。
・市役所の代表は市長さんだからね。……

　授業者は子どもたちの意見を聞きながら、下記のように「市民」「市役所の人」「議員」「市長」の4つの観点を設定して、意見の違いを板書して整理しました。これによって、子どもの意見の違い（ズレ）が可視化されました。

　授業者は板書に目をやりながら、「だれが、どのように児童館をつくったのでしょう」という学習問題を改めて設定しました。子どもたちの受けとめは、はじめの意識と明らかに変わっていました。

市民

市役所の人

議員

市長

●子どもに価値判断を求めて

　「価値判断」とは聞き慣れない言葉ですが、これは子どもたちによりよいものを意思決定させることです。次のような事例があります。

　わが国の食料自給率がカロリーベースで、わずか４０パーセント程度であることを示します。諸外国との比較資料を提示してもよいでしょう。子どもたちはこのままでは、将来食料に困るのではないかと気づいてきます。そこで「わが国の食料自給率を高めるためにはどうしたらよいか」と問いかけ、意思決定と価値判断を求めます。子どもたちからは、「国内の食料生産を高める」「食料を無駄にしない」「外国と友好関係を維持し、輸入が途絶えないようにする」など子どもたちの価値観が反映した多様な意見が出されます。これらの意見を受けて、「わが国の食料自給率を高めるために、どのような対策がとられているのだろうか」という学習問題を設定します。

　子どもに価値判断を求める際には、そのための前提となる情報を教師が提供する必要があります。子どもたちに事前に調べさせることもあります。自分の考えをもつ能力がないと、単なる思いつきや根拠のない浅はかなものになってしまいます。このことを考えると、どの学年でも、どの単元でも取り入れることができる一般性のある手だてではありません。

　しかし、複数の事象や事実を示し、どちらがよりよいかという選択させる学習問題を設定することは考えられます。これは、価値や立場の異なる複数の選択肢を提示して、「どれがよいでしょうか」「どちらを選びますか」といった、意思決定・価値判断型の学習問題です。

　また、「これからどうしたらよいか」という将来を見据えた、未来指向型の学習問題も考えられます。社会参画の基礎を養うために、今後取り入れたい学習問題です。

(4) 既習の知識や見方を生かして

●前小単元の学習成果を生かした学習問題づくり

　一般に、学習問題づくりは当該の小単元を視野に入れて考えます。そのために、資料を用意するなど、手の込んだ手だてが必要になります。

　それに対して、これまでの単元や小単元の学習で習得・獲得している既習の知識や見方を生かしながら学習問題を設定する方法があります。これは学習成果を生かすことです。それまでの学習成果を確かなものとして確認する機会にもなります。

　ここでの「生かす」ことの意味合いには、次の３つがあります。

　１つは習得・獲得した知識や概念を応用したり転移したりすることです。そのためには前小単元の学習で個別具体的な知識の習得で終わらせず、応用性、転移性のある知識、いわば「マスター・キーとしての知識」を獲得させておく必要があります。ここでは「これまで調べたことが他の事例や事例地にも当てはまるのでしょうか」といった趣旨の学習問題が設定されます。

　その２つは学習内容を深化・発展させていくことです。ここには、これまでの学習をさらに深めたり広げたりする活動が展開されます。ここでは「これまで調べていないことについてさらに詳しく調べてみましょう」といった、発展的な学習を促す学習問題が設定されます。

　これらの学習問題は、これまでの学習成果を広げたり深めたりするものです。学習のレベルで発展させていく学習問題です。

　いま１つは、生活や社会に生かす学習問題が考えられます。「自分にできることはどんなことか、考えましょう」「よりよい社会にするにはどうしたらよいでしょうか」などの学習問題が考えられます。これは、生活や社会のレベルで学習を発展させる学習問題です。

　現在、習得した知識や概念を活用して問題解決する能力を育てることや、発展的な学習をとおして学習内容をさらに深めていくことが求められています。小単元間の関連を図りながら学習問題を設定することは、こうした課題にも応えるものです。

●応用・転移させる問い

　社会科の小単元には、学習をとおして獲得させる概念が共通しているものがいくつかあります。例えば次のような単元や小単元です。
・学校の周りの様子と市（区、町、村）の様子。いずれも「地域の様子は場所によって違いがある」ことを考えさせるようになっています。
・県（都、道、府）の様子の学習で、自然環境から見て特色ある地域や伝統や文化から見て特色ある地域を取り上げますが、いずれも地域の資源を「保護・活用」しているところに共通点があります。
・自然条件から見て特色ある地域の人々の生活に関して、1年中暖かい沖縄県の人々の暮らしと寒さの厳しい北海道の人々の暮らしでは、いずれも「自然条件から守る工夫と自然条件を生かす工夫」が共通的に取り上げられます。

　このような単元において、後者の小単元では「〇〇においても、△△と同じように『〇〇〇（前小単元で獲得した知識）』と言えるのでしょうか」と問いかけることで学習問題が比較的自然な状態で設定できます。例えば「北海道の十勝平野に住む人々も、沖縄県の人々と同じように『自然から守る工夫と自然を生かす工夫』をしているのでしょうか」のように、前小単元で獲得した概念（的知識）を含めて学習問題を設定します。

　子どもたちは獲得した概念を他の事例や事例地で立証するために具体的知識を収集しはじめます。前小単元の学習では具体的知識をもとに概念的知識（中心概念）を導き出したのに対して、ここでは概念的知識を裏付けるために具体的知識を収集する学習が展開されます。前者が帰納的であるのに対して、後者は演繹的です。学習の筋道が逆になります。

　ただ、年間の授業時数には制約があるために、いずれか一方の事例や事例地を選択して取り上げられているのが現実です。

　余談になるかもしれませんが、評価問題（ペーパーテスト問題）を作成するとき、従来はこれまでの学習で取り上げられた事例や事例地をもとに作問されてきました。今後は、取り上げられなかった事例や事例地で問題を構成し、応用力や転移力など、考える力を評価することもできます。ただ、従来のペーパーテスト観でとらえると、「授業で取り上げられていないことがどうして問題に出ているのか」という疑問が出てきます。どう説得させるかが課題になります。

●発展・深化させる問い

　発展・深化型の学習問題も応用・転移型と同じように、前小単元の学習成果を生かして学習問題を設定しますから、それほど困難なことではありません。比較的自然な状態で展開されます。

　まず、発展型の学習問題は、歴史学習を例にすると、次のように考えることができます。

・これまで、聖武天皇が造営した奈良の大仏を中心に調べて、奈良時代は「天皇中心の政治が確立された時代だ」ということがわかりました。次の平安時代はどのような時代と言えるのでしょうか。平安時代の出来事を調べて、平安時代のキャッチコピーを考えましょう。

　歴史学習において、時代の特色を追っていくとき、「次の時代は？」と発し続けることによって、時代の特色を大観しながら大きな流れをつかむことができるようになります。

　深化型の学習問題についても、歴史学習を例に考えます。小学校では奈良時代に関して、学習指導要領において取り上げるように示されている歴史的事象は「大仏造営の様子」ただ1つです。人物も聖武天皇と行基と鑑真の3人だけです。これらについて学習したあとに、次のように問いかけ、これからの学習問題を設定します。

・これまで奈良時代の代表的な文化遺産である奈良の大仏の造営を中心に調べてきました。年表からもわかるように、この時代にはほかに、正倉院や遣唐使などの歴史的事象が見られます。ほかの出来事についても詳しく調べてみましょう。

　奈良時代についてさらに詳しく調べていく学習です。時間的な制約がありますから、家庭学習として促すこともできます。

　このように、これまでの学習では取り上げられなかった、ほかの社会的事象をさらに詳しく調べさせる学習問題を設定することにより、学習の深まりを期待することができます。家庭での課題（宿題）にすると、家庭学習の習慣を身につける機会にもなります。

(5) 社会的事象を自分ごととして意識させて

●子どもの生活と結びつけて

　自分とかかわりが薄い事象に対しては、大人であっても関心を示さず、関わろうとしません。ところが、自分とつながっていることがわかると、とたんに関心をもち、問題意識が高まります。問題場面を自分ごととして意識するようになると、事の重大さに気づくからです。そして「どうにかしなければ」とか「どうにかならないか」と問題解決に向けて動き出します。

　これと同じように、子どもも社会の出来事や事象が自分の生活と関わっていることを意識するようになると、それらを自分ごととしてとらえ、学習問題として意識するようになります。

　社会で取り上げられる出来事や事象の多くは、仕事や産業にしても、歴史や政治にしても、いずれも大人社会のことです。子どもの生活や関心事とは距離があります。そのために、子どもたちはどうしても身近に感じられず、他人ごととして受けとめる傾向があります。これは社会科が抱えている特質であり、宿命でもあります。しかし、それらの社会的事象が自分（たち）の生活に影響を与えていることや、自分（たち）の生活を支えていることに気づくようになると、その事象を少しずつ自分ごととして受けとめるようになります。

　夏の暑い時期に、水不足によってプールで泳ぐことができなくなると、子どもたちはがっかりします。水の大切さや必要性を強く感じるようになります。そして、プールの水に関心をもち、水はどのように確保されているのかを意識するようになります。

　また、スーパーマーケットで牛肉を買い求めるときは、国内産の牛肉と輸入された牛肉のどちらを選ぶか、意思決定が求められます。値段を比べると、なぜ国内産の牛肉はこんなに価格が高いのか、疑問をもちます。

　わが国は自然災害の多い国土です。ところが、大人であってもなかなか自分の問題として受けとめられないのが現状です。自分（たち）の生活している地域で、過去にどのような自然災害があったのか、犠牲者がどれくらい出たのかなど、身近なところに目を向けさせることによって、自分の問題として意識するようになります。

3　子どもへの学習問題づくりの指導

●「社会科学習の進め方」の指導

　教師の社会科授業力の向上を目指して、研修会や授業研究会が実施されています。社会科でなぜ問題解決的な学習が求められているのか、問題解決的な学習はどのように展開するのかなど、教師を対象にした社会科授業の進め方の基礎・基本を学ぶ機会はあります。その結果、教師のあいだに、問題解決的な学習の考え方や進め方がかなり広がってきたように思われます。

　ところが、これらのことが教師のレベルで終わっていて、子どもたちに伝わっていないという問題があります。社会科の学習の仕方（学び方）について、子どもたちに丁寧に教えてこなかったからです。

　問題解決的な学習をさらに充実させるためには、子どもたちに社会科の学習をどのように展開していくのかを伝える必要があります。社会科の学習の進め方は、問題解決的な学習を繰り返し体験させながら、その方法を徐々に身につけていくこともできますが、より意図的に指導することが大切です。例えば次頁のような掲示物を作成し、教室内に掲示します。これによって、いつでも、だれでも、必要なときに見たり確認したりすることができます。

　この結果、単元や小単元の冒頭の時間には、「今日から新しい学習が始まるんだね。今日は学習問題をつくる時間ですね」といった本時のめあてを発言してくる子どもが出てきます。小単元の終末には「今日は、これまで調べてきたことを○○○にまとめます」と言ってくる子どもが期待されます。

　これらの発言は、子どもが学習をつくっている具体的な姿です。子どもが学習に参画している証しだと言えます。こうした発言が出されるのは、子どもたちが社会科の学習の進め方を知っているからです。

　さらに、問題解決的な学習の具体的な場面に即して、次のようなことを指導しておきたいものです。

・学習問題のつくり方（資料の読み取り方や活用の方法、学習問題の文例）
・予想の仕方（予想することの意味、予想するときに大切なこと）
・学習計画の立て方（方法と内容の観点）
・調べる活動の進め方（資料の集め方や読み取り方、資料のつくり方など）
・調べたことのまとめ方（整理の仕方、学習問題について考えの導き方）

Ⅳ章　学習問題づくりの方法

● 「社会科学習の進め方」の掲示例

　次は高学年の子どもを対象にした「社会科学習の進め方」の掲示物のサンプルです。

【社会科学習の進め方】

　社会科の学習はおよそ次のような流れで行います。これを問題解決的な学習といいます。

学習問題

1　学習問題をつくります。（これは小単元の学習をとおして調べている学習のめあてです）
2　学習問題に対して予想します。（予想は調べるまえにします。どうしてそのように予想したのか、根きょや理由も書きます）
3　予想を確かめる方法（学習計画）を考えます。（ここでは、どのようなことを調べると、予想が確認できるかを考えます。調べ方やまとめ方についても計画を立てます）

調べる

4　学習計画に従って調べます。
・みんなで、グループで、個人で調べます。
・観察や見学して、調査して、資料を活用してなど。

まとめる

5　これまで調べたことをまとめます。
・これまでの学習をふり返ります。（学習問題は何だったか。予想したことはどのようなことだったか。調べたことはどんなことだったかなど）
・調べたことを図表、新聞、カード、文章などで整理します。
・整理したことをもとに、学習問題に対する考えをまとめます。（はじめに予想したことと比べます）
・まだわからないことがあるときにはそれを書き出します。

●「学習問題のつくり方」の指導

　これまで、子どもたちに学習問題をつくらせる授業場面をたびたび参観してきました。そこでは、例えば、「どんなことを調べたいですか」と問いかけたり、「調べたいことをノート（あるいはカードなど）に書きなさい」と指示したりする場面を散見してきました。

　そのようなとき、いつも気になっていたことは、「子どもたちは学習問題のつくり方を知っているのだろうか」「教師は学習問題のつくり方を指導しているのだろうか」ということです。

　学習問題のつくり方について、子どもたちに丁寧に指導してきたとは言えないのではないかと危惧します。子どもたちに学習問題のつくり方を指導することなく、子どもたちは学習問題をつくることはできません。

　学習問題とはそもそもどういうものか、資料をどのように見て学習問題をつくるのか、学習問題をつくったあとはどうするのかなど、子どもの発達段階とこれまでの社会科の学習経験を踏まえて、丁寧に指導する必要があります。

　学習問題をつくるときには、多くの場合、事前に資料を読み取る活動が行われます。こうした場面において、子どもたちが学習問題に気づくためには、資料をどのように読み取るかがポイントになります。日ごろから、資料の読み取らせ方を指導しておくことが大切です。

　さらに、複数の資料が提示されたとき、それらをどのように関連づけて読み取るか。このことは学習問題づくりに深くかかわる問題です。例えば、観点を設定して比較し、共通点と違いを読み取らせます。違いに目を付けると、学習問題が生まれることがあります。

　このように、「学習問題のつくり方」の指導においては、学習問題文をどう表現するかということと同時に、その前提として、資料の読み取り方や活用の仕方などについても指導が欠かせません。資料を見て学習問題をつくるとき、資料の読み取り方ができなければ、学習問題をつくることはほぼ不可能だと言えます。

Ⅳ章　学習問題づくりの方法

● 「学習問題のつくり方」の掲示例

次は、「学習問題のつくり方」に焦点を当てた、子ども向けの掲示物のサンプルです。

【学習問題のつくり方】

○　「学習問題」とは、これからの学習をとおして解決していく問題のことです。問題文のなかに、「なぜ」「どうして」「どのように」などの「疑問詞」を含めると、問題らしくなります。

○　学習問題の気づき方
・2つの資料を見比べて、「どうしてかな」「おかしいな」と感じるところを探しましょう。
・資料からわかることと自分の考えを比べて、「おかしいな」と思うところはありませんか。
・友だちの考えと自分の考えを比べてみましょう。友だちの考えと自分の考えにどのような違いがありますか。

○　学習問題に気づいたら、予想しましょう。
・予想には、なぜそう予想したのか、理由を説明します。
・友だちの予想を聞いて、より確かな予想にします。
・予想したことはノートなどに書き留めておきます。考え（予想）がどう変わったかをあとで確認するためです。

V章 学習問題づくりの実際
―各学年の典型事例―

1 学習問題づくりの手順

学習問題づくりの場面の指導に当たっては、教師は次のような手順で計画を立てます。

① 小単元の目標を設定します。これは小単元をとおして「何を」学ばせるのか、ゴールを明確にすることです。目標がどうしても2つになるような場合には、小単元を2つに分ける方法があります。本章に示した目標は、知識・理解事項に焦点を当てて設定してあります。

② ①で設定した目標に導くような問いを考えます。これが「学習問題」です。学習問題文は疑問詞(5W1H)を含めて表すようにします。

③ 子どもたちが学習問題を意識するように、資料の内容やその提示方法、教師の発問や指示を工夫します。

●小単元を精選・重点化する

すべての小単元において、予想し学習計画を立てることも含めた問題解決的な学習を実践することは難しいでしょう。それは問題解決的な学習にはそれなりの時間が必要になるからです。

限りある年間授業時数のなかで実践するには、年間を見通して、問題解決的な学習を徹底する単元や小単元を精選・重点化することが大切です。それは、子どもたちが興味・関心をもちやすいこと、観察や資料活用などをとおして具体的に調べることができること、そして教師の側に資料の準備など体制が整っていることなどの観点から、問題解決的な学習に向いた実践しやすい単元や小単元を選択します。

以下、各学年において、比較的取り組みやすい小単元を取り上げ、学習問題づくりの典型事例を1つのモデルとして紹介していきます。

2　3年の学習問題づくりの典型事例

⑴　小単元「学校のまわりの様子」

【小単元の目標】
○　学校の周りの様子は場所によって違っていることがわかる。

【学習問題づくりの場面】

1　市内の○○小学校3年生から手紙が来ました。読んでみましょう。

> わたしたちは学校のまわりのようすをしらべて、絵地図にあらわしました。そのしゃしんを入れましたので、見てください。
>
> わたしたちの学校は、じゅうたくの多い地いきにあります。でも北のほうに少し歩いて行くと、田んぼが広がっています。南のほうには駅があり、線路が東西にはしっています。駅の近くにはお店がならんでいます。こうばんもあります。大川が北から南のほうに流れています。
>
> みなさんの学校のまわりはどんなようすですか。

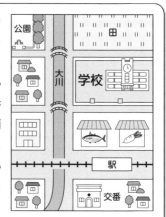

2　○○小学校からきた手紙を読んだり写真を見たりして、○○小学校のまわりはどんな様子でしょうか。
　C　住宅の多いところです。絵地図を見ると、黄色いところが広がっているからです。
　C　僕たちのところにはない駅があって、賑やかそうです。
　C　ほかに、お店や交番もあると書いてあります。

3　手紙には「みなさんの学校のまわりはどんなようすですか」と聞いていますね。お返事を出しませんか。
　C　私たちも地いきのことを調べて、お返事を書きたいです。

> （学習問題）わたしたちの学校のまわりはどのようなようすかを調べ、○○小学校の友だちに知らせましょう。

(2) 小単元「市の様子」

【小単元の目標】
○ 学校の周りと同じように、市の様子も場所によって違っていることがわかる。

【学習問題づくりの場面】
1 私たちの学校の周りを調べて、「場所によって様子が違っていた」ことがわかりました。なぜこのように言えたのでしょうか。
2 市全体の様子も、学校の周りと同じように、場所によって様子が違うのでしょうか。
3 3つの小学校の位置を「市の地図」で調べましょう。
4 3つの地域の学校の周りの様子はそれぞれどんな様子ですか。
  ＊ここでは、市内の象徴的な地域の小学校を抽出する。

（A小学校）　　　　（B小学校）　　　　（C小学校）

・緑が多い。　　　　・土地が平らだ。　　　・市の運動公園がある。
・山の多いところだ。　・田んぼが広がっている。・広い道路がある。
・川が流れている。　　　　　　　　　　　　・新しい住宅が多い。

  ＊ここでは、自分たちの学校の周りの様子と比較させる。
5 市全体を見ると、いろいろな様子のところがありそうですね。

(学習問題)市の様子も、学校のまわりと同じように、場所によって様子がちがうのでしょうか。市はどのような様子でしょうか。

(3) 小単元「店ではたらく人のしごと」

【小単元の目標】
○ 商店で働く人たちは、売り上げを上げるために、品物の仕入れや売り方などさまざまな工夫をしていることがわかる。

【学習問題づくりの場面】
1 私たちは魚をどこで買っていますか。
2 スーパーマーケットにある鮮魚売り場の午前8時ごろの様子です。どんなことに気がつきますか。
　C ケースのなかがからっぽだ。
　C 魚はどこから買ってくるのかな。

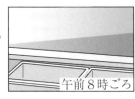
午前8時ごろ

3 次は、午前11時ごろの様子です。ケースを見て、どんなことに気がつきますか。
　C ケースのなかは魚で一杯になった。
　C それぞれの魚に値札が付けてある。

午前11時ごろ

4 次は、夕方6時ごろの様子です。ケースのなかの様子はどう変わりましたか。
　C 魚はだいぶ少なくなったが、売れ残っている。
　C まだ店を開いている。

夕方6時ごろ

5 最後は、夜の8時ごろの様子です。ケースのなかにあった魚はどうなりましたか。
　C すべて無くなっている。
　C すべて売れたんだ。

夜8時ごろ

6 魚を売り切ったとき、お店の人はどんな気持ちでしょうか。
　C 全部売れて、ホッとしていると思う。
　C 今日も頑張ったなという気持ちだと思う。
7 お店の人はただ立っていただけで、魚が売れたのかな。

> （学習問題）スーパーマーケットの魚売り場ではたらいている人は、魚をどのように売り切ったのでしょうか。

(4) 小単元「古い道具しらべ」

【小単元の目標】
○ 古い道具の仕組みや使い方を調べてみると、そこには先人のさまざまな工夫が見られることがわかる。
　＊ここでは、古い道具として「炭火アイロン」を取り上げる。

【学習問題づくりの場面】
1　（炭火アイロンの実物を示して）これは何に使う道具でしょうか。
　　C　いまのアイロンに似ているよ。
　　C　昔のアイロンだ。
　　C　布のしわを伸ばす道具だ。
2　これは「炭火アイロン」といってひいおばあさんが子どものころ（８０年ほど前）に使っていました。いまのアイロンと比べてみましょう。
　　＊地域によっては、昭和３０年ごろまで使われていたようです。

　・けっこう重そう。　　　　　　・電気で熱くしている。
　・電気のコードがない。　　　　・コードがなくても使える。
　・煙突があって、中が空洞　　　・スチームが出るのもある。
　　になっている。

3　いまのアイロンは電源のスイッチをいれれば、すぐに熱くなってくるね。「炭火アイロン」はどのように熱くしていたのでしょうか。
　　C　「炭火アイロン」という名前だから、炭を入れて火を付け、熱くしたのではないか。
　　C　煙突みたいなものがあるから、小さな薪を入れて燃やしたのかな。

　（学習問題）昔の人は、「炭火アイロン」をどのように使っていたのでしょうか。実際に熱くして、使ってみましょう。

3 4年の学習問題づくりの典型事例

(1) 小単元「火事からまちを守る」
【小単元の目標】
○ 火事をできるだけ早く消すために、消防署などで働く人は組織的、機動的に活動していることがわかる。
　＊火事を防ぐ対策や事業には火事を早く消す工夫（消火）と火事を起こさない工夫（防火）があるが、ここでは前者に焦点を当てて小単元を構成する。

【学習問題づくりの場面】
1　火事現場の写真（又はＤＶＤ資料）を見て、「火事」という災害についてどう思いますか。
　Ｃ　火事になると、家が燃え、住むところに困る。
　Ｃ　住宅だけでなく、財産や人の命を奪うこともある。
　Ｃ　火事はおそろしい災害です。
2　家が火事になったとき、その家の人や周囲の人は、どのような気持ちでしょうか。
　Ｃ　早く火事を消してほしいと思っている。
　Ｃ　消防自動車が１秒でも早く来てほしいという気持ちだと思う。
3　普通の自動車では、消防署からこの写真の家までだいたい２０分はかかるそうです。このときには、消防自動車は何分で到着したでしょうか。
　Ｃ　２０分より短いと思います。
　Ｃ　１１９番の電話を受けてから、防火服を着たり、準備をしたりして出発するから、けっこう時間がかかるのではないかな。
4　実際には１０分でした。
　Ｃ　早い！　でも、どうしてそんなに早く行けるの？
　Ｃ　火事の現場に着いてから、どのように消したかが問題だよ。

> （学習問題）火事が起こったとき、消防署の人たちは火事をどのように消しているのでしょうか。

(2) 小単元「ごみのしまつと利用」

【小単元の目標】
○ 毎日出される多量のごみは、清掃工場で処理されたり、再生工場でリサイクルされたりして、地域の快適な環境が維持されていることがわかる。

【学習問題づくりの場面】
1 暮らしのなかから出されるごみには、どのようなものがありますか。
　　C　野菜くずや紙くずなど燃やすごみ
　　C　古新聞や空き缶、ペットボトルなど、再利用できるごみ（資源ごみ）
　　C　使わなくなった自転車や電化製品（粗大ごみ）など
2 それらのごみは、いつどこに出していますか。
　　C　決められた日に、ごみ集積所に出します。
　　C　家まで取りにきてもらう場合もあります。
3 次の写真はある地域のごみ集積所の様子です。
　　C　ごみが山になっている。この日は、燃えるごみを出す日かな。
　　C　僕たちが朝学校に来るときは、こんな様子だよ。
4 次の写真を見てください。
　　C　同じ場所だ。ごみが無くなっている。きれいになっているよ。
　　C　私たちが帰るころはこんな様子です。
　　C　清掃自動車が来て持っていったんだよ。
　　C　資源ごみを集めにくる車もあるよ。
　　C　ごみはどこに消えたのかな。
5 ごみを集めてきた人がいるんだね。その人たちはごみをどこに運んだのかな。そこでごみはどうなったのかな。

〈登校時〉
〈下校時〉

> （学習問題）毎日出されるたくさんのごみは、どこでどのようにしまつされているのだろうか。

(3) 小単元「飲み水と私たちのくらし」

【小単元の目標】
○ 私たちが毎日飲んでいる安全で美味しい水は、水源林の働きや浄水場などの施設で働いている人たちの努力によって確保されていることがわかる。

【学習問題づくりの場面】
1 私たちは毎日の生活のなかで水道の水をどこでどのように使っていますか。
　　C 食事をつくるときに使っている。
　　C 顔を洗ったり、洗濯をしたりするとき。お風呂の水にも使っている。
　　C 水道水は、車を洗うときや公園の噴水などにも使われている。
2 いろいろなところで使われている水道の水は、どこからどのように家庭にまで来ているのでしょうか。下の①〜⑦のカードを「？」のところに順に並べてください。

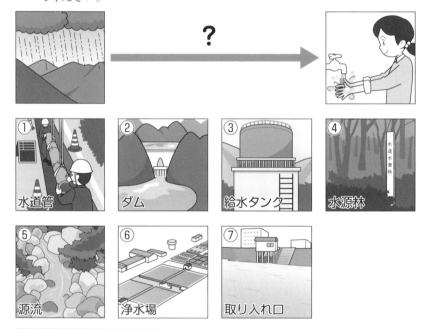

（学習問題）私たちが毎日飲んでいる水道の水は、どこでどのようにおいしくて安全な水にしているのだろうか。

(4) 小単元「県の特色ある地域」

【小単元の目標】
○ 地域の人たちは豊かな自然環境を保護・活用しながら、地域の活性化に努めていることを考えることができる。
　＊ここでは、県（都、道、府）内の特色ある地域として、自然環境を保護・活用している鹿児島県屋久島を取り上げる。

【学習問題づくりの場面】
1　鹿児島県の屋久島は、１９９３年に世界自然遺産に登録されました。屋久島はどうして登録されたのでしょうか。
　C　多くの種類の植物が自生しているからではないか。
　C　屋久島だけに生きている動植物が見られると思う。
　C　縄文杉など古代からの杉がいまも残されているということを聞いたことがある。
2　屋久島はどこにありますか。屋久島の行き方を調べましょう。
　C　一度行ってみたい。できれば縄文杉を見てきたいです。
　C　鹿児島県にあって、鹿児島市から船か飛行機で行けるよ。
3　屋久島に来る観光客数について、グラフを見て調べましょう。
　C　やっぱりたくさんの人が来ているよ。
　C　最近は、あまり増えていないね。
4　屋久島は観光客に対して、どのような願いをもっているのでしょうか。資料で観光協会の人の考えを調べましょう。
　C　屋久島の人たちはたくさんの人に来てほしいと思っているが、自然が壊されることを心配している。自然環境が壊されると元も子もなくなる。
　C　観光客が増えれば、屋久島でお金を使うから、島が元気になるのではないかと思う。生活するためには、お金が必要だから。
　C　来てほしい気持ちと、あまり来ても困るという気持ちが半々なのかな。
5　屋久島の人たちは、観光と環境をどのように考えているのだろうか。

> （学習問題）屋久島の人たちは、豊かな自然とどのように向き合っているのでしょうか。

4　5年の学習問題づくりの典型事例

(1) 小単元「わが国の国土の広がり」

【小単元の目標】
○　わが国の国土の広がりを調べ、領土や領海について関心をもつとともに、領土に関して解決しなければならない課題があることに気づく。

【学習問題づくりの場面】
1　わが国を構成している主な島は、何でしょうか。
　C　北海道、本州、四国、九州、それに沖縄です。
　C　淡路島や佐渡島などの島もあります。
　C　日本は「島国」です。
2　国土の東西南北の端にある島の名前は何でしょうか。また、それはどこの都道府県に属していますか。
　C　北の端は択捉島です。北海道に属しています。
　C　東の端の島は南鳥島です。ここは東京都です。
　C　南の端にある島は沖ノ鳥島です。これも東京都です。
　C　西の端には与那国島があります。ここは沖縄県に属しています。
3　北の端の択捉島など北方領土は日本の領土です。白地図に、わが国の領土、領海を赤い線で囲んでください。
4　正しく書けなかった人もいますね。島根県の沖合にある竹島はどこの国の領土ですか。
　C　日本です。
　C　でも韓国が自分の領土だと言っています。
5　尖閣諸島はどこの国の領土ですか。
　C　日本です。
　C　でも中国が自分の領土だと主張しています。
6　わが国の領土、領海を正しく書けましたか。

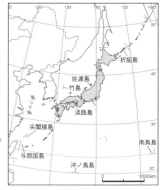

　(学習問題)　わが国の領土、領海は、どの範囲なのだろうか。

(2) 小単元「寒い地方の人々のくらし」

【小単元の目標】
○ 寒い地方の人々は、1年中暖かい沖縄県の人々と同じように、気候条件から守る工夫と、気候条件を生かす工夫をしていることがわかる。
　＊ここでは、暖かい地方の人々の暮らしを取り上げた学習のあとに、発展的な学習として行うことを想定している。

【学習問題づくりの場面】
1　これまで、1年中暖かい沖縄県の人々の暮らしを学習してきました。そこから最終的にわかったことはどのようなことですか。
　C　沖縄県の人々は、1年中暖かいという気候条件を生かす工夫と、台風などがたびたびやって来るという気候条件から守る工夫をしていました。
2　「気候条件を生かす工夫」にはどのような取り組みがありましたか。
　C　暖かい気候で育つ、サトウキビやパイナップルの栽培が盛んに行われていました。
　C　冬の暖かさを利用して、本州では菊が少なくなる時期に、菊を栽培して出荷しています。
　C　冬が暖かいので、2月になると、桜が咲きだします。これを見るために観光客がやってきます。これも気候条件を生かした観光の仕事でした。
3　次に、「気候条件から守る工夫」にはどのようなことがありましたか。
　C　水不足に備えて、屋根には水道のタンクが置かれています。
　C　台風が多いので、家をブロックやコンクリートでつくっています。伝統的な家では屋根瓦をしっくいで止めたり、家を低く建てたりしていました。
4　寒い地方の人々の暮らしに目を向けてみましょう。北海道の十勝平野の位置と気候を調べましょう。
5　十勝平野は冬になると、寒さがとても厳しくなりますね。人々はどのように暮らしているのでしょうか。

> （学習問題）十勝平野の人々も、沖縄県に住んでいる人々と同じように、気候条件から守る工夫と気候条件を生かす工夫をしているのでしょうか。

(3) 小単元「米づくりのさかんな地域」

【小単元の目標】
○ 米づくりの盛んな庄内平野では、美味しくて安全な米をつくり、消費者に届けるためにさまざまな工夫や努力をしていることを理解する。
  ＊ここでは、米づくりの盛んな地域として山形県庄内平野を取り上げる。

【学習問題づくりの場面】
1 私たちが毎日食べている給食のご飯はどうですか。
  C 美味しいです。
  C それに安心して食べているよ。
2 給食の米はどこで生産されたものだと思いますか。給食室にある米の袋を見てみましょう。
  C 山形県鶴岡産と書いてあります。
  C 佐藤さんという名前もあります。

3 山形県鶴岡市はどこにありますか。地図で調べましょう。
  C 山形県の日本海側です。
  C 庄内平野が広がっています。
4 これは庄内平野の様子の航空写真です。地形に目をつけて、地図も見ながら、どのようなところか調べましょう。
  C 広い平野が広がっています。
  C 田んぼがすべて長方形の形をしています。
  C 遠くに鳥海山という高い山があります。
  C 川が流れています。地図を見ると、最上川と書いてあります。
5 このようなところで、私たちが給食で食べている美味しい米を生産しているのですね。
  C 佐藤さんが頑張っているんだね。
  C 佐藤さんたちは美味しい米をどのようにつくっているのかな。

> (学習問題) 山形県の庄内平野の佐藤さんたちは、おいしい米をどのようにつくり、私たちのところに届けているのでしょうか。

(4) 小単元「水産業のさかんな地域」

【小単元の目標】
○ 水産業に携わっている人々は、自然環境に立ち向かいながら、生産をあげるためさまざまな工夫や努力をしていることがわかる。

【学習問題づくりの場面】
1　次の資料は、沖合漁業を営んでいる静岡県焼津市に住む山田さんの「漁業日誌」です。出漁やとれ高についてどのようなことに気づきますか。

山田さんの「出漁日誌」（7月）

日	月	火	水	木	金	土
	1 ■ ○	2 ■ ○	3 ▲	4 ▲	5 ▲	6 ■ △
7 ■ △	8 ▲	9 ■ △	10 ■ ○	11 ■ ◎	12 ▲	13 （休）
14	15	16	17	18	19	20

［出漁］■…出漁した日　▲…出漁できなかった日　［とれ高］◎…大漁　○…ふつう　△…不漁

　　C　出漁したのは13日のうち、たったの7日。出漁できなかった日が5日もあります。
2　出漁できなかった日があるのはどうしてだと思いますか。
　　C　波が高く、海が荒れていたからではないか。
　　C　台風が来て、天候が悪かったからではないか。
3　魚をとる仕事は海の様子や天気と関連が深いようですね。「出漁日誌」から、とれ高について気づいたことはありませんか。
　　C　大漁だったのはたったの1日しかありませんでした。不漁の日が3日もありました。
4　どうして日によってとれ高に違いがあるのですか。
　　C　魚が少なくなったからではないか。
　　C　魚は広い海を動いているから、いつも同じところにいないからです。

（学習問題）漁師さんは、この広い海で魚をどのようにとっているのでしょうか。

(5) 小単元「自然災害から守る」

【小単元の目標】
○　国や地方公共団体、地域の住民は、自然災害から生命や財産を守るためにさまざまな事業や対策をとっていることを考える。

【学習問題づくりの場面】
1　わが国では、どのような自然災害が起こっていますか。
　　C　地震、津波、火山の噴火、洪水、土砂崩れ、台風や突風、豪雪など。
　　C　自然災害のデパートみたいに、いろんな災害が起こっています。
2　自然災害が起こると、町や人々の暮らしはどうなりますか。
　　C　家や町が壊され、それまでの生活ができなくなる。
　　C　命を一瞬に奪ってしまうこともあります。こわいです。
3　これまでに、いつどこでどのような自然災害が起こりましたか。自然災害の年表を見て調べましょう。
　　C　２０１１年に、東日本の太平洋側で地震と津波が起こりました。
　　C　２０１４年に、広島市で土砂崩れが起こりました。
　　C　１９９０年に、長崎県普賢岳が噴火しました。
　　C　２０１２年に、竜巻が茨城県つくば市で起こりました。
　　C　（以下、略）
4　自然災害の年表を見て、どんなことに気がつきましたか。
　　C　ほとんど毎年のように災害が起こっています。
5　年表を参考にして、日本地図に災害が起こったところに、災害ごとに印を変えて付けましょう。どんなことに気がつきましたか。
　　C　日本中に印がつきました。
　　C　いろんな自然災害が日本のどこでも起こっていることがわかりました。
6　わが国では、いろんな自然災害が「いつでも」「どこでも」起こっていると言えますね。

> (学習問題)自然災害の多いわが国では、生命や財産を守るためにどのような事業や対策がとられているのでしょうか。

5　6年の学習問題づくりの典型事例

⑴　小単元「縄文と弥生のくらし」
【小単元の目標】
○　縄文のむらが、アジア大陸から稲作の技術が伝わったことにより、米づくりのむらに変化していたことがわかる。

【学習問題づくりの場面】
1　いまから５５００年ほど前の青森県の三内丸山遺跡から発掘された遺物です。これを見ると、どのような食生活をしていたと想像できますか。
　　C　海や川の魚、貝などをとって食べていた。
　　C　野山の動物をとっていたのではないか。
　　C　木の実もとっていたと思う。
　　C　自然にあるものをとって食べていたんだ。
2　２３００年前の静岡県の登呂遺跡から発掘された遺物です。これを見ると、食生活はどのように変わったと思いますか。
　　C　米をつくって食べるようになった。
　　C　狩りや漁はしなくなったのかな。
　　C　自然のものと人がつくったものの両方を食べていたと思う。
3　縄文時代から弥生時代になると、人々の食生活がどのように変化したかをまとめてみましょう。
　　C　自然のものだけでなく、自分たちでつくったものも食べるようになった。
4　米づくりの技術はアジア大陸から伝わってきました。米をつくるようになると、食生活が大きく変化したことがわかりましたね。変化したのは食生活だけでしょうか。

> （学習問題）米づくりが始まると、人々の生活や社会の様子はどのように変わったのでしょうか。

(2) 小単元「奈良の大仏と聖武天皇」

【小単元の目標】
○ 聖武天皇が造らせた奈良の大仏造営の様子を調べ、天皇中心の政治が確立されたことがわかる。

【学習問題づくりの場面】
1 奈良時代の年表を見て、大きな出来事のひとつに大仏造営があったことを確認しましょう。
2 奈良の大仏はどれくらいの大きさだったのだろうか。（ここでは、創建時の大きさを調べさせる）
　C 座高は、15.8メートルもある。台座を含めると約19メートルで、これは4階建ての校舎の高さになる。
　C 耳だけでも、上下の長さが2メートル50センチもある。
　C 目は左右が約1メートルで、目の玉（眼球）は人が通れるくらいの大きさがある。
3 校庭で、大仏の手のひらを実物大で描いてみましょう。
　C 手の上下の長さは3メートル以上もあるよ。
　C 描き終えたら、そのうえに横になって寝てみよう。
　C 子どもだけで9人も寝られる大きさ（広さ）があります。
4 聖武天皇は、なぜ大仏を造らせたのでしょうか。「聖武天皇の詔」の資料を参考にして考えましょう。
　C 仏の教えを広げるという、聖武天皇の意思を人々に伝えたかったからだろう。
　C 聖武天皇に力があったからだと思う。
　C 大仏をつくるための材料や働く人を全国から集めることができたのだから、力をもっていたからではないか。

> （学習問題）聖武天皇が巨大な大仏を造らせた時代（奈良時代）は、どのような世の中だったのだろうか。

(3) 小単元「3人の武将による天下統一」

【小単元の目標】
○ 織田信長、豊臣秀吉、徳川家康の3人は、それぞれが役割を果たしながら天下統一を実現したことを理解する。

【学習問題づくりの場面】
1　1575年の愛知県長篠での戦いの様子を描いた絵「長篠合戦図屏風」です。このなかに、織田信長、豊臣秀吉、徳川家康の3人がいます。どこにいるか、探しましょう。
　　C　3人とも、絵の左の方にいます。
2　織田信長、豊臣秀吉(このときは羽柴と名乗っていた)、徳川家康の3人は、それぞれどのように戦っていますか。
　　C　織田と徳川の連合軍と武田軍(武田勝頼)が川をはさんで戦っています。
　　C　武田軍は、馬に乗って織田と徳川の連合軍を攻めています。騎馬隊です。
　　C　連合軍は柵をつくって、馬が来るのを防いでいます。
　　C　連合軍は鉄砲を持って、構えています。鉄砲隊です。
　　C　秀吉と家康が信長の前方にいます。秀吉と家康は信長に仕えていたのだと思います。
3　信長、秀吉、家康の3人は、ともに「長篠の戦い」に参加していたことがわかりましたね。年表を見て、3人の関係を整理しましょう。

　　C　3人がバトンを渡しながら、リレーしたみたいだね。

> (学習問題)織田信長、豊臣秀吉、徳川家康の3人は、どのように天下を統一したのでしょうか。

(4) 小単元「明治の世の中」

【小単元の目標】
○ 日清・日露戦争、条約改正、産業や科学の発展などにより、わが国の国力が充実し、国際的な地位が向上したことがわかる。

【学習問題づくりの場面】
1 アメリカとは１８５８年に日米修好通商条約を結びました。同じような条約をイギリスなどとも結びました。それはどのような内容でしたか。
　Ｃ　輸出入品に対して、日本は税金の額を決められなかった。（関税自主権がなかった）
　Ｃ　アメリカ人などが日本人に罪をおかしても、日本の法律で裁判ができなかった。
　Ｃ　そのため、不平等な条約と言われた。
2 不平等な条約が完全に改正されたのは、いつですか。年表を見て確かめましょう。
　Ｃ　１９１１年（明治４４年）のことです。
　Ｃ　５０年以上もかかったんだ。
3 条約改正の機運が高まった事件がありました。１８８６年に起きたノルマントン号事件です。風刺画を見ながら、文書資料を読んでみましょう。
　Ｃ　和歌山県沖でイギリスのノルマントン号が沈没した事件です。
　Ｃ　イギリス人は全員助けられたのに、日本人乗客は助けられず、全員溺れて死亡した。
　Ｃ　裁判はイギリスの領事で行われ、船長は軽い刑を受けただけだった。
　Ｃ　不平等な条約があったからだ。
　Ｃ　この事件から、２５年もかかって、条約改正がようやく達成された。
4 条約が改正されるまでに長い年月がかかったことがわかりましたか。
　Ｃ　この間、いろいろと努力をしていたんだろうね。何もしていないわけはないからね。

> （学習問題）幕末に結ばれた不平等な条約が改正されるまでには、どのような人たちの努力があったのだろうか。

(5) 小単元「政治のはたらき」

【小単元の目標】
○ 人々がよりよい生活をしたいという願いを実現していくところに政治の働きがあることを具体的な事例をとおして理解する。

【学習問題づくりの場面】
1 みなさんは日曜日や放課後にどこで遊んだり学習をしたりしていますか。
　C　家にいます。
　C　近くの公園で遊んでいます。
　C　最近できた、生涯学習センターに行っています。
2 生涯学習センターを利用している人はどれくらいいますか。ほとんどの人が利用していますね。そこはどのようなところですか。
　C　遊び場や図書館もあって、楽しいところです。
　C　勉強などで困ったときには、教えてくれる人がいます。
　C　子どもだけでなく、赤ちゃんやお年寄りの人も利用しています。
3 次の資料は、生涯学習センターがなかったころ、地域の人たちが市役所にお願いした文書です。これを読むと、どのようなことに気がつきますか。
　C　「生涯学習センターをつくってください」と書いてあります。
　C　市役所にお願いしてつくられたことがわかりました。
　C　生涯学習センターをつくったのは市役所です。
　C　お願いしたのはいまから12年も前のことですから、つくられるまでに10年間もかかったことになります。
　C　どうしてすぐにつくられなかったのかな。
4 そうですね。10年もかかったことがわかりますね。市役所の人は、この間何もしていなかったのでしょうか。
　C　何かしていたと思います。でも、何をしていたのかな。
　C　10年間がブラックボックスだ。

> （学習問題）生涯学習センターをつくってほしいという地域住民の願いは、どのように実現されたのでしょうか。

(6) 小単元「世界の人々のくらし」

【小単元の目標】
○ 世界の人々は、それぞれ異なる文化や習慣をもっており、それらを互いに理解し合うことが大切であることを考えることができる。
　＊学習問題をつくったあとの追究場面では、わが国とつながりの深いアメリカ、中国、韓国、サウジアラビアのなかから、子どもに1か国を選択させて調べさせる。

【学習問題づくりの場面】
1　世界には、わが国と貿易や歴史、文化などの面でつながりの深い国がたくさんありますが、ここでは、アメリカ、中国、韓国、サウジアラビアの4か国をとりあげます。それぞれどこにあるか、世界地図で確認しましょう。
2　これらの国は、日本とどのようなつながりがありますか。
　C　アメリカとは貿易の面で強く結びついています。野球選手も互いに行き来しています。文化交流が盛んです。
　C　中国とは、貿易のほかに歴史的なつながりがあり、中国から文化や技術が日本に伝わってきました。奈良時代には遣唐使が行き来しました。
　C　韓国は日本に最も近い外国で、歴史的にも結びつきが深い国です。食文化のキムチも日本に伝わっています。
　C　サウジアラビアからは石油が輸入されています。日本からは、技術の援助が行われています。
3　これらの国の人たちはどのようなくらしをしているのでしょうか。各国の国旗のデザインと意味、首都、国土の面積、人口、主な言語をまとめたカードがあります。これを参考に興味をもった国を1か国選択してください。
4　選択した国の人々の暮らしの様子をどのような側面から調べますか。
　C　衣食住、仕事や産業。
　C　学校生活の様子や主な行事など。

> (学習問題) 日本とつながりの深いアメリカ、中国、韓国、サウジアラビアの人々は、どのようなくらしをしているのだろうか。

あとがき

　かつて経済界の人たちと話をする機会がありました。分野の違う人たちの意見や見方は参考になるものです。そのとき出されたことの1つに、新入社員の傾向がありました。最近の若者は、一般的にまじめで、上司から言われたことはそつ無くこなすが、自分から課題を見つけて、解決策を見いだそうとすることやチャレンジしようとする意欲に欠けていると言うのです。
　続けて次のように述べました。
　「それぞれの企業でいま何が問題になっているのか。業績をあげるためには、どこをどう改善したらよいのか。現場に近いところで日々仕事をしている社員が、こうした問題意識をもっているかどうか。ここにその企業のこれからの社運がかかっているのではないか。」
　この指摘は、これからの社会人、とりわけ企業人に求められる資質・能力を端的に述べたものだと思います。与えられた仕事をまじめに処理していく能力はもちろん必要ですが、それだけでは十分でないということでしょう。これからの社会人には、観察力と洞察力、それに先見性を発揮しながら、自ら課題や問題を見いだすこと、そしてそれを自分なりに解決方策を探りながら積極的に提案していく意欲とやる気と行動力が必要になっているということです。
　いま学校現場では「アクティブ・ラーニング」が話題になっています。これは教師が一方的に知識を講義し、伝達していく授業ではなく、子どもたちが主体的、協働的に学んでいく授業のことです。
　問題を見いだし、問題解決していく学習はまさにアクティブ・ラーニングの一形態と言えます。社会科をはじめ各教科で問題解決的な学習が求められているのは、そうした学習体験をとおして、問題発見力や学習計画の作成力を身につけ、自力解決に向けて必要な資質や能力を育むことができるからです。それは将来の社会人を育てるうえで不可欠なものです。
　問題解決的な学習を充実させるためには、まず学習問題をしっかり意識させ、その解決のための方法や方向性を見定めなければなりません。こうした学習を繰り返し体験することによって、子どもたちに自ら問題や課題を見いだす力や問題解決の方策を考える力がはぐくまれていきます。

社会の担い手を育てるためにも、問題解決的な学習が重要であり、その入口において、キーになる学習問題づくりの場面の指導を重視したいものです。

＊　　　　＊　　　　＊

　話はまるっきり変わりますが、私はこれまでに何冊かの著作物をまとめてきましたが、単著は今回でちょうど３０冊目です。私にとって記念の１冊になりました。

　私は書くことにそれほど抵抗感がないようです。最近では、パソコンで文字を打つことが多くなり、鉛筆やペンで文章を書く機会がめっきり少なくなりました。手書きの手紙や葉書を受け取ると、どこか温もりを感じます。「最近パソコンを使うようになって、便利になった反面、漢字が書けなくなった」と、文字忘れを嘆く声を聞きます。筆者もその一人です。漢字を覚えても、使わないと知識が剥落していくのでしょう。

　文章を書くためには、何のために書くのか。目的意識をもっていなければなりません。与えられたものでもいいのですが、できれば自ら設定したもののほうが鉛筆が進みます。目的意識をもつことは書くためのスタート台に立った状態です。しかし中身がなければ書く活動は始まりません。書く活動を成立させるためには、書く内容と自分の考えがあることが前提です。書くときに伝える相手を意識していると、内容とともに書き方を工夫しようとします。相手によって書きぶりや言葉の使い方が変わってきます。相手の顔が見えるからです。今回は若い教師や社会科に苦手意識をもっている教師を意識して書きました。

　１冊の著書のような長文を書くときには、まず書く内容を整理し、文章の構成を構想します。論理的に思考し、筋道を立てて書く力が鍛えられます。書いているときにはそのことに没頭し、精神が統一します。集中力を欠いてはまとまりのある文章は書けません。書くことは知的な活動を促すだけでなく、集中力や精神力を鍛えます。その結果、忘却曲線を和らげることもできます。

　書くことは静的ですが、アクティブで主体的な活動です。これからも、自らの頭と心を鍛えるためにも、機会をとらえて書き続けていこうと思っています。

　今回も、私が集中して書くことができるように、妻淑恵が環境を整えてくれました。本書の「影の共同執筆者」に対し、この場を借りて感謝の意を表したいと思います。

北　　俊　　夫

著者紹介
北　俊夫（きた・としお）

福井県に生まれる。

東京都公立小学校教員、東京都教育委員会指導主事、文部省（現文部科学省）初等中等教育局教科調査官、岐阜大学教授、国士舘大学教授を経て、現在、一般財団法人総合初等教育研究所参与及び学校教育アドバイザーとして講演や執筆活動を行っている。特定非営利活動法人防災情報研究所理事を務める。また、リーフレット『教育の小径』を文溪堂から毎月発行している。

近著に『トイレ四方山ばなし』（文芸社）、『社会科が好きになる授業づくり入門』『保護者と語りたい子育て話材50』『「なぜ」で読み解く社会科授業のヒント』『「ものの見方・考え方」とは何か』『自然災害防止教育と学校の役割』（以上、文溪堂）、『あなたの社会科授業は間違っていませんか』『「主体的・対話的で深い学び」を実現する社会科授業づくり』『思考力、判断力、表現力を鍛える新社会科の指導と評価』（以上、明治図書）など多数ある。

だれでもできる 社会科 学習問題づくりのマネジメント

2016年2月　第1刷発行
2023年4月　第2刷発行

編著者　北　俊夫
発行者　水谷　泰三
発行所　**株式会社 文溪堂**

［東京本社］東京都文京区大塚3-16-12　〒112-8635
　　　　　　TEL 03-5976-1311（代）
［岐阜本社］岐阜県羽島市江吉良町江中7-1　〒501-6297
　　　　　　TEL 058-398-1111（代）
［大阪支社］大阪府東大阪市今米2-7-24　〒578-0903
　　　　　　TEL 072-966-2111（代）
　　　　　　ぶんけいホームページ　https://www.bunkei.co.jp
印刷・製本　株式会社 太洋社／編集協力　株式会社イシュー

Ⓒ 2016 Toshio Kita. Printed in Japan
ISBN 978-4-7999-0171-7　C3037　104P 210mm×148mm
定価はカバーに表示してあります。
落丁本・乱丁本はお取り替えいたします。

北　俊夫先生の本

BOOKS 教育の泉 1

言語活動は授業をどう変えるか
—考え方と実践のヒント—

A5判 112ページ　定価950円+税

〈もくじ〉
- I　なぜ、言語活動の充実なのか
- II　言語に関する四つの活動
- III　「書く活動」を充実させる指導のポイント
- IV　「話す活動」を充実させる指導のポイント
- V　言語活動をどう評価するか

BOOKS 教育の泉 2

なぜ子どもに社会科を学ばせるのか

A5判 104ページ　定価950円+税

〈もくじ〉
- I　なぜ、子どもを教育するのか
- II　社会科はどんなことを目指している教科なのか
- III　社会科はどのように誕生し変遷してきたか
- IV　子どもに社会の何をどう学ばせるか

BOOKS 教育の泉 5

こんなときどうする
学級担任の危機対応マニュアル

A5判 96ページ　定価950円+税

〈もくじ〉
- I　学級担任の危機管理・対応能力とは何か
- II　とっさのときの学級担任の危機対応マニュアル
  - 1 非常事態／2 生徒指導／3 学級指導
  - 4 保護者対応／5 自分自身のこと

株式会社 **文溪堂** 　http://www.bunkei.co.jp/